LA FUENTE DE MI FORTALEZA

CHARLES STANLEY

EDITORIAL CARIBE

©1995 Editorial Caribe
P.O. Box 141000
Nashville, TN 37214-1000

Título del original en inglés:
The Source of my Strength
© 1994 por *Charles Stanley*
Publicado por *Thomas Nelson Publishers*

ISBN: 0-89922-566-7

Traductor: *Miguel A. Mesías*

4ª Impresión

E-mail: caribe@editorialcaribe.com

CONTENIDO

El Espíritu del Señor está sobre mí,

Por cuanto me ha ungido para dar buenas
nuevas a los pobres;

Me ha enviado a sanar a los quebrantados
de corazón;

A pregonar libertad a los cautivos,

Y vista a los ciegos;

A poner en libertad a los oprimidos;

A predicar el año agradable del Señor.

Lucas 4.18-19

Arreglemos nuestro equipaje emocional

U na de las más poderosas declaraciones que Jesús jamás dijo fue que Él vino «a buscar y a salvar lo que se había perdido» (Lucas 19.10). Por muchos años esa fue la declaración más importante del Señor en mi vida y en esa palabra basé mi ministerio.

En años recientes, sin embargo, he descubierto otra declaración de Jesús por la cual estoy igualmente agradecido:

> El Espíritu del Señor está sobre mí,
> Por cuanto me ha ungido para dar buenas nuevas
>   a los pobres;
> Me ha enviado a sanar a los quebrantados
>   de corazón;
> A pregonar libertad a los cautivos,
> Y vista a los ciegos;
> A poner en libertad a los oprimidos (Lucas 4.18).

Cuando empecé a descubrir que Jesucristo vino, no sólo a encargarse de mi problema del pecado, sino a hacerme una persona completa, algo verdaderamente maravilloso ocurrió

7

en mi vida. Es la razón por la que escribo este libro. Espero y oro que usted también llegue a experimentar el «Espíritu del Señor», a ser libre de su pasado y a ser hecho completo en Cristo.

Sin que importe quiénes seamos hoy, somos «pobres», de cierta manera carecemos de algo. Tenemos el corazón hecho pedazos por algo o alguien. Nos tienen cautivos los recuerdos del pasado y las limitadas expectativas que tenemos para el futuro. Estamos ciegos a nuestra verdadera posición y lugar en el Señor Jesucristo. En realidad, necesitamos ser puestos en libertad porque cada uno de nosotros está oprimido por el enemigo del alma.

Algunas de las cosas que nos parten el corazón, de las aflicciones y pruebas en nuestras vidas, brotan de causas externas; otras brotan de causas internas. Sin que importe su origen, no obstante, el dolor es real. Y a menos que estemos dispuestos a enfrentar las experiencias amargas que la vida interpone en nuestro camino, el dolor llega a ser «carga y herida» en el corazón. Las aflicciones se convierten en sentimientos heridos, estos a su vez en patrones habituales de conducta destructiva, los fracasos y rechazos resultan en una perspectiva defectuosa del mundo y de Dios, y las relaciones dañinas y destructivas llegan a ser un peso interno enorme que nos impide experimentar la plenitud de libertad y propósito que el Señor tiene para nosotros.

EL EQUIPAJE EMOCIONAL SE CONVIERTE EN ESCLAVITUD

Equipaje emocional es el término que uso para referirme a sentimientos, patrones de pensamiento y experiencias pasadas que vuelven a traumatizar a una persona cada vez que se desatan o recuerdan, y ese efecto es una manera continua en el comportamiento de la persona y en sus respuestas a la vida.

El equipaje emocional mantienen a una persona en esclavitud espiritual. Es un lastre que la afecta con culpa, dolor y sufrimiento interno. Tal equipaje emocional:

◆ impide que la persona sea como Dios quiere que sea.

◆ impide que haga lo que Dios le ha llamado a hacer.

◆ mantiene a la persona paralizada con la duda, el temor y la recriminación personal.

◆ impide desarrollar una autoimagen saludable.

Una parte de este equipaje es tan pesada que la persona debe lidiar con ella para ser capaz de luchar con la vida diariamente. Otra parte del equipaje parece ser tan ligera que en realidad no interfiere con las relaciones y responsabilidades diarias y normales. La persona sabia luchará con su equipaje emocional, independientemente de lo pesado o ligero que sea.

¿Por qué?

Porque el equipaje emocional a la larga le impide experimentar la libertad que Jesucristo anhela darle. ¡Y la vida es mejor cuando la persona es libre!

¿POR QUÉ AFERRARSE AL PASADO DOLOROSO?

Se requiere valor para descargar el equipaje emocional.

Algunos se acostumbran tanto a vivir con su equipaje que se sienten amenazados por el solo pensamiento de quitárselo de encima. Están tan acostumbrados a vivir con dolor que no pueden imaginarse la vida sin él. Permítame asegurarle que la vida es *mejor* sin el peso del equipaje emocional que es un lastre en su alma.

Algunos se sienten culpables al tratar de echar a un lado su pasado. Se sienten como si estuvieran también abandonando las relaciones válidas del pasado o que, de alguna manera, lastimarán a quienes están perdonando, olvidando o dejando en libertad. Si ese es su temor actual, déjeme asegurarle que Jesucristo le libertará de toda culpa y que al dejar que el pasado se vaya, le dará también libertad para que realice su obra completa en la vida de esa otra persona. Lo mejor que puede hacer por usted mismo y por la otra persona que le ha abandonado, rechazado o ultrajado es dejarla en las manos de Dios y permitir que Él arregle las cosas con ella.

Otros no quieren encarar lo que perciben que será una lucha o un proceso doloroso como parte de descargar su equipaje emocional. Aun cuando es cierto que dejar el equipaje emocional algunas veces nos lleva al punto de las lágrimas, estas muy pronto se convertirán en regocijo. No hay nada más reconfortante, estimulante, alentador o gozoso que descargar el peso del equipaje emocional y caminar en libertad por la vida.

No hay beneficio alguno en continuar llevando cargas emocionales. No hay ninguna buena razón para aferrarse a lo que le obstaculiza, le impide sentirse libre o le priva de experimentar la plenitud de la vida que Dios ha preparado para usted.

CÓMO ALIGERAR LA CARGA

En un reciente viaje por la cordillera de la Alta Sierra de California me di cuenta de algo obvio que nunca antes noté. Los animales de carga en que montábamos y que llevaban nuestros equipos no tenían manera de descargar por sí mismos los fardos que llevaban en el lomo. Los pesados bultos que cargaban tenía que descargarlos uno de nosotros, los seres humanos que participábamos en la excursión.

El mismo principio es válido en cuanto al peso del equipaje emocional que llevamos a cuestas. Por lo importante que es el hecho de descargar el equipaje emocional, no podemos hacerlo con nuestra fuerza o capacidad.

El equipaje emocional tampoco desaparece ni se desvanece con el tiempo. He conocido personas que lo han llevado a cuestas por décadas. Si el tiempo resolviera los problemas del equipaje emocional, ¡este no existiría! Además, la verdadera libertad y liberación sólo son posibles en Jesucristo. Como Juan 8.36 dice: «Así que, si el Hijo os libertare, seréis verdaderamente libres».

¿Y qué tal en cuanto a esas cargas espirituales que quizás pensamos que el Señor ha puesto en nuestros corazones? Siempre podemos tener la seguridad de que si el Señor coloca algún peso en nuestro corazón para llevarnos hacia la voluntad de Él o guiar nuestras oraciones de intercesión hacia otra persona, esas cargas sentidas en el corazón casi siempre serán de corta vida y jamás nos derribarán, ni destruirán nuestra capacidad de actuar en la vida, ni nos acosarán, ni dañarán nuestros sentimientos de autoestima.

Lo mismo es cierto en cuanto a los períodos de valles y desiertos. Atravesamos circunstancias en las cuales sufrimos emocionalmente. Nadie puede vivir sin problemas, dolor, adversidades ni dificultades. Los problemas son inevitables.

Cuando vemos desde la perspectiva del Señor, sin embargo, el propósito de los valles es que estemos *vestidos* (equipados, preparados, fortalecidos) para el ascenso a la cima de la montaña, que es hacia donde el Señor siempre trata de conducirnos. Los períodos de valles y desiertos en los cuales podemos sentirnos abandonados o probados nunca son permanentes.

Oswald Chambers, en su libro *So Send I You* [Así también yo os envío], escribe de «la visión, el valle y la verdad». Dios nos da una visión y luego nos pone en el valle para cernirnos, pulirnos, disciplinarnos, podarnos; en otras palabras, para eliminar de nosotros todo lo que sería un obstáculo en nuestro ascenso a la cima o nuestra vida en ella. Es en el lugar donde tomamos la decisión de dejar el valle y ascender a la montaña que Dios ha puesto delante de nosotros.

Todavía más, aun en estos tiempos que podemos considerar como desalentadores o ásperos, el deseo del Señor es que verdaderamente seamos libres en nuestro ser interior. La libertad no es externa. Es interna. Es libertad en nuestros corazones incluso al enfrentar las pruebas y las adversidades.

EL VALOR DE DAR EL PRIMER PASO

Aun con pleno reconocimiento de que la remoción definitiva del equipaje emocional requiere la ayuda del

Señor Jesús, debemos también reconocer que descargarlo exige un acto de la voluntad para acudir al Señor en busca de auxilio.

El Señor no nos despoja de nuestros recuerdos dolorosos ni de experiencias penosas a menos que se lo pidamos.

Él no cura nuestras marchitas actitudes mentales a menos que se lo solicitemos.

El Señor no invade nuestros corazones ni transforma nuestra naturaleza a menos que le invitemos y le pidamos que nos sane y nos restaure por completo.

Recibir la libertad requiere un acto de la voluntad humana. Exige que escojamos acudir al Señor y pedirle que intervenga con nosotros en el proceso de sanidad.

Hoy es un excelente día para:

◆ pedirle al Señor Jesús que quite de su corazón la carga que usted lleva.

◆ pedirle al Señor que aligere su carga.

◆ pedirle al Señor que le liberte de la esclavitud en que se encuentra.

Y al pedirle, confíe en que Él será fiel a su Palabra y le hará libre.

Ahora, algunos tal vez piensen que esto es imposible. Amigo, no pierda las esperanzas. Es imposible que regrese y vuelva a hacer o deshaga cualquier cosa que haya ocurrido en el pasado, pero ahora, en el presente, sí puede hacer frente a su equipaje del pasado. Así como en la actualidad halla los resultados de su comportamiento problemático y de actitudes en su vida, también puede hallar la solución de Dios.

La sanidad debe buscarse en el presente, en conversaciones con amigos, parientes y asesores interesados; al leer y meditar en la Biblia; en la oración; y, en ocasiones, al pensar con cuidado respecto a las dolorosas circunstancias pasadas y aplicando deliberadamente su don de perdón a los involucrados. De seguro que necesitará la ayuda de Dios para hacerlo, pero con ella usted recibirá sanidad para sus ahoras.

En los capítulos siguientes utilizo mi experiencia personal respecto al equipaje emocional para ilustrar cómo Dios puede sanar sus heridas y ayudarle a dejar en libertad el pasado y vivir plenamente en el presente.

Usted solo no puede liberarse. Pero hoy sí puede dar el primer paso hacia la libertad diciéndole a Dios: «Señor, confío en que me ayudarás a enfrentar el equipaje emocional que arrastro y que me ayudarás a tener el valor para andar por la vida sin el dolor, las inseguridades, frustraciones y alienación que he estado sintiendo. Confío en que me harás libre y que luego andarás conmigo mientras aprendo a vivir como un ser humano libre y entro en la vida plena y maravillosa que has planeado para mí».

SOLOS

*L*a escena está grabada claramente en mi memoria.
Puedo verla hoy tan diáfana como el día en que
ocurrió.

Dos de mis amigos, Jimmy y Rob, vinieron a pasar
conmigo la tarde de un sábado. Nos reímos, hablamos y
jugamos juntos, y después el pa-
dre de uno de los muchachos vino
en su auto para recogerlos.

Al quedarme de pie en el patio
y observar que los tres se alejaban
en el vehículo por la calle, un
sentimiento enfermizo, anonadante, me golpeó desde la
boca del estómago. Recuerdo claramente que pensé: *Yo no
tengo a nadie.*

*R*ecuerdo claramente que
pensé: *Yo no tengo a nadie.*
**Un sentimiento de profunda
soledad me embargó; un
sentimiento que me era
demasiado familiar.◆**

Un sentimiento de profunda soledad me embargó; un
sentimiento que me era demasiado familiar y que tuve por
dentro en todos mis trece años.

Mi primer recuerdo es estar sentado en una cama en
una habitación que tenía paredes recubiertas de madera
color café, e iluminada por una lámpara de queroseno.
Tenía un terrible dolor de oído. Estaba solo.

Mi padre, obrero en una hilandería e hijo de un evan-
gelista pentecostal, murió de una enfermedad de los riño-
nes cuando yo tenía nueve meses de edad. En ese entonces
vivíamos en un pequeño lugar llamado Dry Fork, estado

15

de Virginia, en las afueras de Danville. La tarde del domingo poco antes de morir, mi madre le preguntó: «¿Qué voy a hacer si mueres?» Él replicó: «Pues bien, tendrás que hacer lo mejor que puedas». Su consejo me parece frío ahora, pero era 1913 y quizás lo único que alguna persona podía hacer en ese tiempo era «lo mejor que pudiera». Para mi madre, «hacer lo mejor» significaba ir de inmediato a trabajar para conseguir el sustento para nosotros dos.

Aun cuando no recuerdo conscientemente la muerte de mi padre, reconozco que el bebé en mí supo de alguna manera que mi padre se había ido para siempre. En lo más recóndito de mi corazón sabía que había quedado solo.

Durante los primeros dos años de mi vida varias mujeres me cuidaron mientras mi madre trabajaba. Y cada día, cuando ella salía por la puerta para dirigirse a su trabajo, el muchachito, que todavía vive en mí, decía: «Se ha ido. Te ha dejado. Estás solo».

Cuando tenía cinco años, recuerdo cómo lloraba cada mañana al prepararme para ir a la escuela. Mi madre tenía que salir temprano para ir a su trabajo, de modo que a la hora que me levantaba, ella ya se había ido. Los primeros meses de aquel año escolar el tío Jack venía y me ayudaba a alistarme para la escuela; me peinaba y me preparaba el desayuno. Antes de llegar al primer grado, no obstante, ya había aprendido a peinarme y a prepararme yo mismo el desayuno; inclusive huevos y tocino.

Al llegar una tarde de la escuela noté que mi madre aún no había llegado. No regresó sino hasta casi las cinco de la tarde. Llegar a una casa vacía me molestaba de verdad. Era un recordatorio constante de que estaba solo.

Llegué al punto de jugar solo todo el día: montando caballos de palos de escoba y jugando con soldados de juguete. Más tarde armaba aeroplanos en miniatura. Tenía unos pocos amigos que venían a jugar conmigo; jugábamos Monopolio todo el día, pero la mayor parte del tiempo la pasaba solo. Más adelante, en la adolescencia, tomaba mi escopeta calibre 22 y me iba a la orilla del arroyo para pasar la tarde disparándole a los pájaros. Solo.

Incluso durante breves períodos en todos esos años, cuando viví con tías y tíos, sufrí la soledad. Mis abuelos y tíos nos dejaban a mi madre y a mí solos en casa mientras ellos salían. Aunque ahora como adulto estoy seguro de que sus salidas sin nosotros era cuestión de conveniencia o necesidad, como muchacho lo veía como abandono. Lo sentía como soledad.

Un sábado en particular mi madre salió de casa y no regresó en todo el día. Lloré todo el tiempo. No tenía idea de a dónde había ido o cuándo regresaría. Hasta hace cerca de tres años los momentos más solos de mi vida eran los sábados por la tarde.

Sé que no estoy solo en mi experiencia.

Aun cuando la soledad de mi niñez quizás fue más severa que lo que experimentan muchos, he conocido a cientos de personas, incluso miles, a través de los años, que se han sentido completamente solas, abandonadas, aisladas, desamparadas y, por lo tanto, solas.

Es uno de los sentimientos más dolorosos que una persona puede tener, y que casi cada individuo intenta evitar a toda costa. Los que han pasado tiempo en confinamiento solitario lo consideran como una de las peores formas de castigo o prisión que existe sobre la tierra. Dicen, por ejemplo:

He conocido a cientos de personas, incluso miles, a través de los años, que se han sentido completamente solas, abandonadas, aisladas, desamparadas y, por lo tanto, solas.

✳

«No puedo soportar la soledad. Me parece que las paredes me caen encima. Los días parecen interminables».

«Incluso cuando estoy entre mucha gente me invade este fuerte sentimiento de que estoy solo; que nadie sabe que estoy allí. Es como si fuera invisible».

«El día que él salió por la puerta, pensé que iba a gritar. No porque se fue, sino porque me dejó sola».

«Sentí como si estuviera agitando mis brazos en la niebla, pero en lugar de tocar a alguien, la niebla se hacía más espesa».

Los divorciados casi siempre testifican de la soledad. Un divorcio es una situación en extremo traumática. Literalmente despedaza las emociones y, con mucha frecuencia, el sentimiento más intenso es una profunda soledad, un aislamiento del resto del mundo.

Los ancianos a veces hablan de sentir soledad, en especial después de la muerte del cónyuge. La aflicción se une a la soledad y esa es una combinación atormentadora y algunas veces mortal. Viejos amigos, viejos conocidos y las antiguas responsabilidades han desaparecido, dejando sólo un dolor interno por lo que una vez fue y por amigos que ya no están cerca.

Los jóvenes claman en soledad. Tanto los que se crían debajo de las faldas de la madre, como de los padres indiferentes y absortos en sí mismos. Con frecuencia, nuestros jóvenes hablan del aislamiento que sienten de sus compañeros y de la sociedad como un todo.

Los viajantes sienten soledad.

Las madres de niños pequeños y amas de casa sienten soledad.

Los que se mudan a nuevas ciudades y los que empiezan en un nuevo empleo se sienten solos.

Los universitarios que salen de sus hogares por primera vez, especialmente aquellos que asisten a universidades distantes, se sienten solos.

Los que tienen su nido vacío después de haber criado a sus hijos se sienten solos.

Las personas recientemente jubiladas, tan acostumbradas a un amplio círculo de conocidos y colegas, están solos.

Mire a su alrededor y encontrará gente sola por todas partes.

LA RESPUESTA DEL SEÑOR

¿Qué le dice el Señor a los que se sienten solos?

En la historia de la creación, en Génesis 1—3, tenemos un cuadro de Dios deseando comunión con los seres humanos. Él dice: «Hagamos al hombre a nuestra imagen, conforme a nuestra semejanza» (Génesis 1.26); una semejanza completa con capacidad emocional que anhele compañerismo. Ese deseo que mora en la humanidad respecto a buscar y anhelar a Dios desde lo más recóndito del corazón, se refleja en el deseo de Dios por la humanidad.

Al parecer Adán y Eva andaban y conversaban con Dios frecuentemente. La voz de Dios en el aire de la tarde no les era extraña. (Véase Génesis 3.8-9.)

Una vez tras otra, en todo el Antiguo Testamento, hallamos a Dios alcanzando a su pueblo, revelándoseles, deseando estar y comunicarse con ellos. En 1 Samuel 12.22 hallamos esta promesa de Dios: «Pues Jehová no

desamparará a su pueblo, por su grande nombre; porque
Jehová ha querido haceros pueblo suyo». El deseo de Dios
es de compañerismo, compañía y comunión con quienes
le respondan de la misma manera.

En el Nuevo Testamento leemos cómo Jesús desarrolló
una relación íntima con un grupo de hombres a quienes
llamamos apóstoles. Le preocupaba tanto que ellos conti-
nuaran su relación unos con otros, incluso después de su
crucifixión, que pasó gran parte de su última noche
hablándoles de su necesidad de permanecer juntos y de ser
uno con el Padre, así como Él era uno con ellos y uno con
el Padre. Les prometió enviarles un Consolador o Ayuda-
dor, el Espíritu Santo, el cual nunca les dejaría y estaría
no sólo con ellos, sino en ellos. (Véase Juan 14—16.)

> *L*a comu-
> nión íntima
> que el Señor
> desea y está
> dispuesto a
> experimentar
> con nosotros
> es algo con
> lo cual pode-
> mos contar,
> incluso si
> todo el mun-
> do nos
> abandona.
>
> ✳

La comunión íntima que el Señor desea y está dispuesto a experimentar con nosotros es algo con lo cual podemos contar, incluso si todo el mundo nos abandona.
También lo vemos en la vida de Jesús. En la misma noche
de su arresto y juicio, el que finalizaría con su crucifixión,
les dijo a sus discípulos: «La hora viene, y ha venido ya, en
que seréis esparcidos cada uno por su lado, y me dejaréis
solo». ¿Pueden oír ustedes el dolor en esa declaración?
Jesús sabía lo que es estar solo. Pero entonces prosiguió
diciendo: «Mas no estoy solo, porque el Padre está conmigo». Jesús sabía lo que era recibir consuelo incluso al
enfrentar el abandono. (Véase Juan 16.32.)

Las palabras finales a sus discípulos en Mateo 28
fueron estas: «He aquí yo estoy con vosotros todos los
días, hasta el fin del mundo». Jesús parecía tener una
intensa preocupación de que sus discípulos supieran con
certeza que el Señor y Dios estaba más próximo a ellos

que el mismo aliento que exhalaban y que aunque a veces
se sintieran solos, jamás lo estarían en realidad.

Hoy Jesús es su Amigo de amigos. Él es un Amigo que
siempre tendrá, uno que es «el mismo ayer, y hoy, y por
los siglos».

CUANDO SE SIENTA SOLO

Cuando la soledad nos envuelve lo primero que debemos hacer es apartar nuestra mirada de las cosas que no
tenemos y ponerla en las que sí tenemos. ¿Y qué tenemos?
A Dios mismo.

Una vez que ha confiado en Jesucristo como su Salvador, nunca estará solo. Él dice que viene a morar en usted
cuando lo recibe en su vida y que se une a usted así como
la vid y los pámpanos se unen. De la misma manera que la
sabia fluye por la vid y sus pámpanos, así también el amor
de Cristo fluye en usted y a través de usted. Él mora en
usted y usted está en Él, es uno con Cristo. Tiene la
relación más íntima posible con Él; una intimidad espiritual eterna. (Véase Juan 15.1-9.)

Lo profundo de la intimidad depende en gran medida
de nosotros. Tiene que ver con cuánto deseamos intimar
con el Señor, cuánto le permitimos que nos llene con su
presencia y cuán dispuestos estamos a que se nos revele.
El hecho es, sin embargo, que nunca podemos aislarnos
totalmente del Señor. Él siempre está allí, deseando estar
siempre cerca de nosotros.

Podemos preguntar como el apóstol Pablo: «¿Quién
nos separará del amor de Cristo? ¿Tribulación, o angustia,
o persecución, o hambre, o desnudez, o peligro, o espada?»

La respuesta también la da Pablo: «Por lo cual estoy seguro de que ni la muerte, ni la vida, ni ángeles, ni principados, ni potestades, ni lo presente, ni lo por venir, ni lo alto, ni lo profundo, ni ninguna otra cosa creada nos podrá separar del amor de Dios, que es en Cristo Jesús Señor nuestro» (Romanos 8.35,38-39).

Sencillamente no estará solo una vez que tenga el Espíritu de Dios morando en usted. Puede experimentar una sensación atormentadora de vacío, temor o desesperación. Puede sentirse solo aun si no lo está. Estos sentimientos están sujetos a lo que haga con ellos. Puede permitir que le alejen del Señor y así experimentar menos intimidad con Él. O puede permitir que esos sentimientos le acerquen al Señor y a una intimidad mayor.

Cuando decidimos acercarnos al Señor, estamos diciéndole, en efecto: «Necesito que llenes este dolor, este vacío, esta soledad, en mi vida. Estoy confiando en ti. No hay nadie más a quien pueda acudir. Me entrego completa y totalmente a ti». Al hacerlo le pedimos al Señor que nos revele su presencia en nosotros, una presencia que en verdad aleja nuestra soledad.

NO DEJE FUERA AL MUNDO NI AL SEÑOR

Las personas que se sienten solas acuden a las drogas o al alcohol para alejarse de sus sentimientos de soledad. ¡Un sopor inducido por sustancias químicas jamás es un buen sustituto para la vida!

Las personas que se sienten solas también pueden acudir a la televisión, videos o programas de radio para llenar el vacío de la soledad que sienten. Aun cuando es

cierto que los medios de difusión pueden llenar de ruido
una casa de otra manera callada y darnos una sensación de
conexión con el mundo externo, también es cierto que
hay dos peligros en acudir a uno de ellos cuando se siente
solo:

◆ El primer peligro es que los medios de difusión
masiva pueden convertirse en un sustituto de las relaciones normales de la vida y de la interacción con la familia
o con la comunidad. La televisión aísla a la persona del
mundo. Cierra la comunicación con otros y obstaculiza
las oportunidades para establecer relaciones.

◆ El segundo peligro es que la televisión puede convertirse en un desvío que impide que la persona verdaderamente acuda al Señor y desarrolle una relación con Él.

No permita que la televisión, ni la radio, ni algún otro
de los medios de comunicación masiva se convierta en un
sustituto barato de lo real: una relación con el Señor y las
relaciones con otras personas. Antes que ver programas de
televisión o escucharlos en la radio, trate de establecer
relaciones en la vida real.

Permítame llevarlo de nuevo a la historia de la creación.
En el primer capítulo de Génesis leemos cómo Dios creó
el mundo y todo lo que en él hay, y después de cada acto
creativo, dijo: «Es bueno». La primera vez que Dios dice que
algo no era bueno es cuando hace alusión a la soledad. El
Señor dice: «No es bueno que el hombre esté solo; le haré
ayuda idónea para él» (Génesis 2.18).

El deseo de Dios no es sólo que usted tenga una
relación íntima y estrecha con Él, sino que tenga relaciones
satisfactorias y enriquecedoras con otras personas. Cuando se sienta solo, acuda primero al Señor, pero luego

acérquese a las personas; no a los medios de difusión ni a alguna otra clase de actividad escapista. La soledad se remedia mediante la interacción y la participación con Dios y con otros, no al alejarse ni escaparse a la fantasía ni a algún tipo de estupor provocado por sustancias químicas.

Una de las bendiciones más grandes en la vida es un amigo piadoso. No se muestre renuente en acudir a tal amigo cuando atraviese momentos de soledad aplastante. Ese amigo es un don de Dios para usted. Esto es especialmente cierto en los momentos de intensa aflicción por la pérdida de un ser querido o de una relación. Busque a un amigo que le quiera, que le dedique tiempo y que le ayude a abrirse paso a través de la muralla de separación que siente con el mundo.

Con la televisión tiene algo temporal. Con otras personas tiene algo que puede durar toda la vida. Con el Señor, tiene algo que dura por toda la eternidad.

Cuando apaga el televisor, ¿qué le queda? La soledad de nuevo. Cuando pasa tiempo con el Señor, ¿qué beneficio obtiene? Un sentido de unidad con Él, seguridad, apoyo, aliento, y un sentido de su presencia y poder, una alegría en su corazón que aleja la soledad.

Cuando se sienta solo, primero acuda al Señor. Dígale: «Señor, ayúdame a tener una relación contigo. Quiero conocerte mejor. Quiero sentir tu presencia». Y luego pídale que le guíe a establecer relaciones satisfactorias y mutuamente beneficiosas con otras personas. Dígale a Dios: «Señor, por favor, dame amigos que me digan la verdad y que me ayuden a vivir de una manera que te agrade; amigos que me quieran y que reciban mi cariño, amigos a quienes pueda contar mis alegrías y mis tristezas, amigos con quienes pueda conversar libremente». Busque oportunidades para desarrollar la amistad que el Señor hará que se cruce en su camino:

◆ Diga que sí a las invitaciones sociales de personas piadosas.

◆ Involúcrese en su iglesia y en varios de los grupos dentro de ella. Sea fiel en su asistencia y en su participación en los programas del grupo. Trate de conocer a las personas.

◆ Invite a otros a almorzar o merendar juntos después de los cultos.

DESARROLLE AMISTADES PIADOSAS

A medida que conozca a las personas, busque áreas de interés común y preocupación mutua. Busque la manera de participar en la solución de los problemas de las personas. Quizás se trate de dar de comer a las personas sin hogar, o visitar a los miembros de su iglesia que están recluidos en sus hogares. A lo mejor ayudar en el coro de niños, o unirse al grupo que ayuda a las familias de misioneros.

Esté dispuesto a dar su vida. Diga lo que el Señor ha hecho por usted y cómo le ha ayudado al atravesar períodos de dificultad en el pasado. Su relato será un estímulo para la persona que lo oye y, a su vez, el individuo puede sentirse más dispuesto a contarle algo de su peregrinaje personal.

*L*as mejores amistades son las que necesitan toda una vida para edificarse y que, por consiguiente, ¡duran toda la vida!

✳

Para tener un amigo, sea amigo.

Desarrollar una amistad lleva tiempo. Esto no ocurre en un instante. Nunca se debe dar por sentado. Las mejores amistades son las que necesitan toda una vida para edificarse y que, por consiguiente, ¡duran toda la vida!

Pregúntese hoy mismo: «¿Qué clase de amigo me gustaría en realidad tener?» Haga una lista de los rasgos que le gustaría ver en esa persona. Su lista puede incluir algunas de estas características:

◆ Alguien con quien reírme
◆ Alguien con quien orar
◆ Alguien que realmente entiende lo que estoy atravesando
◆ Alguien a quien puedo contarle mis secretos
◆ Alguien en quien puedo confiar.

Una vez confeccionada su lista, hágase una segunda pregunta muy importante: «¿Estoy dispuesto a *ser* esta clase de amigo?» Proverbios 18.24 nos recuerda: «El hombre que tiene amigos ha de mostrarse amigo».

¿Está dispuesto a oír los secretos de otra persona y guardarlos en forma confidencial? ¿Es usted digno de confianza? ¿Podrá su nuevo amigo confiar en usted? ¿Está dispuesto a arriesgarse a contar sus penas y alegrías? ¿Será comprensivo ante los fracasos, debilidades y dolorosos recuerdos de la otra persona?

¿Está dispuesto a cometer un error y a permitir que la otra persona lo cometa? ¿Está dispuesto a ser vulnerable?

Para tener un amigo, debe ser un amigo.

No es probable que con todo el que intente entablar amistad se convierta en un amigo íntimo. Algunas personalidades no se avienen bien como usted originalmente

esperaba que lo hicieran. Algunas personas no están dis-
puestas a invertir tiempo y a hacer el esfuerzo que exige
desarrollar una amistad estrecha. Algunas veces sencillamente no hay suficientes intereses, preocupaciones ni
trasfondos en común. Sin embargo, a menos que corra
algún riesgo y haga algunos intentos de forjar una amistad,
nunca sabrá quién puede llegar a ser su amigo ni quién no.

Pídale a Dios que le dé el valor para correr el riesgo de
franquearse y ser vulnerable hacia otra persona. Por lo
general, si se franquea y está dispuesto a comunicarse con
otra persona, y si está dispuesto a participar en sus
emociones y opiniones, esa persona también estará dispuesta a comunicarse con usted.

Si ha perdido un amigo

No todas las relaciones, por supuesto, se convierten en
verdaderas amistades ni llegan a serlas de por vida. Amigos
queridos algunas veces se mudan o se mueren. En tales
ocasiones es natural y normal sentir soledad. Sin embargo,
no permita que la pérdida de un amigo le impida desarrollar nuevas amistades y fortalecer las demás relaciones que
tiene. Confíe en que Dios será el Dios de sus amistades.

Romanos 8.28 nos dice: «Y sabemos que a los que
aman a Dios, todas las cosas les ayudan a bien, esto es, a
los que conforme a su propósito son llamados». Dios es
el ingeniero de las relaciones sociales. Él tiene su manera
de traer a su vida a las personas apropiadas, en el momento
apropiado y por los propósitos adecuados. Algunas veces
las relaciones duran toda una vida. Otras, son sólo para
cierta temporada.

Si ha perdido a un amigo, acuda al Señor y dígale cómo se siente: «Señor, tú sabes cuán satisfactoria y estimulante me era esa relación. Por alguna razón has decidido quitar de mi vida a esa persona y confío en que pondrás a alguna otra. Ayúdame a ver que obras para el bien de ambos. Ayúdame a hallar maneras de darme al nuevo amigo que traerás a mi vida. Dame un sentido de alegría y esperanza respecto a lo que vas a hacer en mi vida o en la de algún otro que está a punto de ser mi amigo».

SU DEPENDENCIA DEBE PERMANECER EN EL SEÑOR

El Señor tal vez envíe a su vida a alguien que satisfará su deseo de estar con algún otro; ya sea como amigo, confidente o cónyuge. Esa persona debe siempre verse como una prolongación de la presencia de Dios; no como un sustituto de la misma.

Nunca debemos llegar a depender de otros hasta el punto de que descansemos emocionalmente en ellos para la satisfacción de nuestras necesidades, para el cumplimiento de nuestros deseos o para llenarnos por completo. En primer lugar, nadie puede hacer tal cosa, sin que importe cuán maravillosa y cuán amorosa sea. Nadie puede llenar ni satisfacer por completo la necesidad de proximidad o intimidad de otro. Sencillamente, eso no es posible. Cuando esperamos tal cosa, establecemos una falsa expectación y, al hacerlo, nos buscamos una gran decepción.

Demasiado a menudo alguien que espera que otro le satisfaga por completo se le aferra, suplica, hostiga o llora continuamente pidiendo atención y afecto de aquel amigo o cónyuge. Los clamores del corazón con frecuencia alejan a la otra persona en lugar de atraerla. Y cuando esta se aleja emocionalmente, o en algunos casos físicamente, la persona que gime por intimidad se siente rechazada una vez más. El ciclo continúa, con sentimientos de soledad y aislamiento cada vez más crecientes.

Dios desea romper ese ciclo. Él es el Único que puede satisfacer verdaderamente los deseos de plenitud e intimidad que siente el corazón. El deseo que sentimos es en realidad y, a fin de cuentas, un anhelo de ser uno con Él. Sólo el Señor sabe cómo producir esa unidad en nuestras vidas.

Una vez que lo reconozcamos y acudamos a Dios para que satisfaga nuestra soledad, estamos en una posición más saludable para recibir el amor y el afecto de las personas que Dios envía a nuestras vidas. Antes que apoyarnos en ellas y convertirnos en dependientes emocionales de ellas para hallar significado en la vida, podemos contribuir a sus vidas y participar con ellas en una relación saludable, cariñosa, que da y recibe.

Si alguien empieza a confiar en otra persona al punto de que deposita su fe en ella antes que en Dios, la relación a la larga se destruirá sola; colapsará. Dios es un Dios celoso. Quiere una relación con sus hijos y cuando ve que alguien descansa en otro ser humano para hacer lo que sólo Él puede hacer, a menudo busca la manera de acabar con tal relación.

Usted nunca debe confiar en que otra persona le provea de todo lo que necesita. Ningún ser humano es capaz de darle a otro todo lo que se requiere para la vida, por cuanto es más que las cosas materiales. Una gran parte se compone de cosas inmateriales, espirituales. Por tal razón sólo Dios puede proveerle de todo lo que usted necesita para vivir en paz, gozo y satisfacción.

Nunca debe confiar en otra persona para que le libre del mal ni que le proteja de los poderes del maligno. Sólo Dios puede verdaderamente librarle del poder del enemigo en su vida y sólo Él puede derribar las fortalezas que lo mantienen cautivo. Sólo Dios puede ser el escudo impenetrable en contra de los ataques del diablo contra usted.

¡Un amigo que trata de ser un sustituto de Dios no es amigo! Un verdadero amigo le llevará hasta Dios y le ayudará a desarrollar una relación con Él.

Un verdadero amigo no permitirá que usted se convierta en dependiente. Un verdadero amigo le animará a que se apoye en Dios en busca de fortaleza emocional. ¿En quién se apoya en busca de fortaleza emocional? ¿A quién acude en busca de aprobación? ¿De quiénes son las opiniones que le sirven de apoyo para tomar decisiones y para actuar en relación a sus problemas personales, responsabilidades y oportunidades? Si se apoya en otro ser humano, está dependiendo de ese ser humano. Si se apoya en Dios, está dependiendo de Dios. No puede poner su dependencia en ambos al mismo tiempo.

Lo que ocurre, sin embargo, es que dependemos en que Dios sea nuestra Fuente de seguridad emocional, fortaleza y capacidad. Él nos permite desarrollar con otros relaciones en las cuales somos verdaderamente interdependientes. Tenemos algo para dar a tal relación, algo que hemos recibido de Dios. A la vez, podemos recibir de otros sin agotarlos ni extenuarlos, porque no estamos apoyándonos por completo en ellos en busca de nuestra identidad. La

¡Un amigo que trata de ser un sustituto de Dios no es amigo! Un verdadero amigo le llevará hasta Dios y le ayudará a desarrollar una relación con Él.

✳

relación interdependiente, una relación verdadera de dar y recibir, es saludable. Nadie pierde. Más bien, ¡ambos ganan!

Si no invita al Señor a que sea la Persona de la cual depender, no puede verdaderamente participar con otros en una relación de dar y recibir. La relación es más bien una guerra de estira y encoje y, muy a menudo, una persona llega a ser siempre la que estira y la otra se convierte cada vez más en la que resiste. Si sigue aferrándose a alguien que se siente sobrecargado emocionalmente por su dependencia, lo más probable es que esa persona se aleje de usted y experimente una necesidad aún más intensa de aferrarse a ella. Mientras más intenta acercarse e involucrarse con esa persona, más se aleja esta. Comienza un ciclo vicioso y dañino que, a la larga, produce mucho dolor a ambas partes.

AFIRME SU LIBERACIÓN

En un buen número de ocasiones he hallado muy beneficioso afirmar que 1 Juan 5.14-15 es una realidad en mi vida. Estos versículos dicen: «Y esta es la confianza que tenemos en Él, que si pedimos alguna cosa conforme a su voluntad, Él nos oye. Y si sabemos que Él nos oye en cualquiera cosa que pidamos, sabemos que tenemos las peticiones que le hayamos hecho».

¿Qué desea del Señor? ¿Está de acuerdo con la Palabra de Dios? ¿Encaja con lo que la Biblia enseña? ¿Es una promesa de Dios para usted? ¿Es algo que usted sabe que Dios desea que tenga?

Luego consolide ese deseo con intrepidez y dígale esto al Señor: «Me apoyo en las Escrituras y creo que lo que deseo lo tengo ahora en el nombre de Jesús».

Por ejemplo, si está luchando con la soledad, puede descansar confiado en que Dios no desea que usted esté solo. Él desea que tenga amigos, que sea amigo y, sobre todo, que le conozca a Él como un Amigo de amigos. Usted puede decir con confianza: «Señor, sé que no quieres que esté solo. Deseo ser libre de la soledad. Me apropio de tu Palabra en lo que se aplica a mí. Creo que tú serás la satisfacción completa y total para la soledad en mi vida. Confío en ti, que llenarás el vacío que siento. Confío en que me proveerás amigos en esta tierra, buenos, apropiados y que te agraden».

El Señor le invita a que se aferre a Él. Nunca podrá agotarlo ni hacer que su fuerza emocional aminore. Él le dice: «Apóyate en mí».

Sólo el Señor jamás se aleja de una relación, jamás retrocede, jamás se da por vencido en cuanto a una persona, jamás se agota, siempre tiene más para dar e invita a una mayor dependencia.

Cuando confíe en que el Señor es la Fuente de su alegría para su profunda necesidad de compañía, hallará que tiene más para dar a otros. Compartirá, no extraerá. Edificará, no drenará. Estimulará, no sobrecargará. La relación será saludable y no dañina ni destructiva. Será una verdadera amistad. Una verdadera amistad proscribe la soledad.

CÁPSULA DE VERDAD

Cuando se sienta solo:

1. Acuda primero al Señor. ¡A Él le encanta pasar tiempo con usted! Háblele sobre cómo se siente. Pídale que conforte su corazón y que le envíe un amigo.
2. Llame a un amigo. Si no tiene un amigo íntimo cristiano a quien pueda llamar, trate de entablar tal amistad.

*M*i exceso de equipaje de soledad.

_____
_____
_____
_____
_____
_____
_____
_____

*C*ómo puedo aligerar esta carga.

_____
_____
_____
_____
_____
_____
_____
_____

*D*ios es la fuente de mi fortaleza.

2

TEMEROSOS

os primeros años de mi vida fueron tumultuosos.
Nunca sabía lo que vendría después ni confiaba en
que podía contar con el mañana, ya sea si acaso lo
habría o si sería igual al día que estaba viviendo. Es cierto
que no confiaba en que el mañana sería más brillante.

Mis inseguridades y temores
como niño se enraizaban, sin duda,
en cuatro hechos básicos de mi
vida en ese entonces.

El mensaje que recibí era:
«No corras ningún riesgo. La
vida asusta y te vas a
lastimar».◆

Primero, nos mudamos dieci-
siete veces en los primeros dieciséis años de mi vida.
Nunca supe a dónde iríamos a vivir la siguiente vez.

Segundo, nunca en realidad parecía que tuviéramos lo
suficiente, especialmente en los primeros años. Mi madre
luchaba sola y la mayor parte del tiempo era todo lo que
podía hacer para poner comida en la mesa y un techo sobre
nuestras cabezas.

Recuerdo contestar a la puerta en más de una ocasión
para hallar allí de pie al agente de seguros, listo para cobrar
su prima semanal y mi madre escondida detrás de la puerta
insistiendo en que le dijera que ella no estaba en casa.

Aun cuando éramos pobres, mi madre siempre se
aseguró de que yo tuviera limpio mis overoles. Nunca
estuvimos sucios. E incluso en la pobreza mi madre
siempre estaba pronta a compartir con otros lo que teníamos, aun cuando fuera residuos del pan.

La tercera razón para mis inseguridades y temores en la niñez quizás yace en que mi madre llevaba sola la responsabilidad de un hijo activo y curioso. Con frecuencia me decía: «No camines por la calle». «¡Ten cuidado!» «No te caigas». «No vayas a lastimarte». Su mensaje de cautela, sin embargo, lo interioricé como de derrota y desconfianza. El mensaje que recibí era: «No corras ningún riesgo. La vida asusta y te vas a lastimar».

La cuarta razón para mis inseguridades y temores como niño era más perniciosa que las otras tres. Me crié con el concepto de que Dios era un juez severo, esperando aporrear al muchachito si este osaba salirse de la línea. En mi niñez jamás me vino el pensamiento de hacer algo realmente malo. ¡Estaba demasiado asustado!

Todos estos factores provocaron que mi entrada a la edad adulta fuera con varias ideas profundamente entretejidas en mi ser:

◆ No entierres mucho tus raíces. En cualquier minuto te pueden arrancar.

◆ No malgastes lo que tienes. A lo mejor no puedes reponerlo.

◆ No corras ningún riesgo.

◆ No le falles a Dios.

Tomado como un todo, esta perspectiva de la vida es de profunda inseguridad emocional, ansiedad y temor.

Repito, sé que no estoy solo en mi experiencia con estas emociones. Cada día y por todas partes que miro hallo personas que viven llenas de ansiedad. Nuestras ansiedades penetran en cada aspecto de lo que somos y lo que hacemos.

Nuestros líderes sienten ansiedad respecto a la economía, los lugares del mundo que están en guerra y sus propios futuros políticos.

Los padres sienten ansiedad respecto a sus hijos y a cómo van a pagar sus cuentas, mantener unido su matrimonio y conservar su empleo.

Los muchachos sienten ansiedad respecto a la escuela, al futuro, las opiniones de sus amigos y, en demasiados casos, en cuanto a la estabilidad de su propia familia.

Si tuviéramos una palabra para describir nuestra sociedad, quizás sería *ansiosa*. Las personas llenas de ansiedad dicen cosas tales como:

«No sé en qué puedo confiar ya. El mundo entero parece cambiar más rápido de lo que puedo resistir».

«Nunca sé si mi esposa estará en casa cuando llegue. Mis hijos tienen la misma pregunta pendiente sobre sus cabezas todos los días cuando se dirigen de la escuela a la casa».

«Mi esposo viene y va como se le antoja. Nunca sé realmente qué clase de talante tendrá cuando viene, ni si estará borracho y me ultrajará. La mayor parte del tiempo me siento sobre ascuas».

Los pastores y los consejeros oyen declaraciones como estas casi todos los días.

Si tuviéramos una palabra para describir nuestra sociedad, quizás sería ansiosa.

LA RAÍZ DE LA ANSIEDAD

La ansiedad es el temor al futuro. Sentimos ansiedad cuando el mañana se ve lúgubre, cuando el futuro no promete ningún cambio, cuando nuestras vidas parecen deslizarse sin control y cuando no estamos seguros de lo que va a ocurrir de un momento a otro.

Algunas veces una persona imagina o percibe el fracaso aun antes de realizar un esfuerzo. No ve cómo ganar, tener éxito ni salir incólume de una crisis que amenaza.

✳

Algunas veces la ansiedad se enraíza en los sentimientos de una persona por ser incapaz de enfrentar un nuevo reto. Imagina o percibe el fracaso aun antes de realizar un esfuerzo. No ve cómo ganar, tener éxito ni salir incólume de una crisis que amenaza.

Algunas veces la ansiedad de una persona se enraíza debido a que fija normas demasiado altas. Constantemente se mide contra una meta o norma fija, que a cualquiera le sería casi imposible de alcanzar.

Algunas veces la ansiedad está enraizada en una persona de sentimiento dividido en dos opiniones o dos seres queridos. Por ejemplo, alguien puede encontrarse entre un padre y un cónyuge, un hijo puede sentirse que está en medio de una guerra de estira y encoge entre dos padres, o un empleado puede sentirse atrapado en un conflicto entre su jefe y sus colegas.

Algunas veces la raíz de la ansiedad está en alguna hostilidad no resuelta respecto a algún asunto pasado. La persona continúa viviendo en una realidad imaginaria de hostilidad pasada, ira o amargura, que en realidad no existen en el presente.

Muy a menudo nuestras ansiedades se manifiestan en relación a las cosas más básicas de la vida: lo que vestimos, comemos y dónde vivimos. Sentimos ansiedad de que tal vez no estemos dando una buena impresión. Sentimos ansiedad de que quizás no tendremos otra comida para comer, o que no podremos pagar el próximo mes la hipoteca. Sentimos ansiedad de que no ganamos suficiente dinero, ni ahorramos bastante para la jubilación, ni avanzamos tan aprisa como deberíamos.

Jesús sabía de todas estas causas de ansiedad. La ansiedad por las necesidades básicas fue un problema cuando Él anduvo en esta tierra. Les enseñó a sus discípulos:

Por tanto os digo: No os afanéis por vuestra vida, qué comeréis; ni por el cuerpo, qué vestiréis. La vida es más que la comida, y el cuerpo que el vestido. Considerad los cuervos, que ni siembran, ni siegan; que ni tienen despensa, ni granero, y Dios los alimenta. ¿No valéis vosotros mucho más que las aves? ¿Y quién de vosotros podrá con afanarse añadir a su estatura un codo? Pues si no podéis ni aun lo que es menos, ¿por qué os afanáis por lo demás? Considerad los lirios, cómo crecen; no trabajan, ni hilan; mas os digo, que ni aun Salomón con toda su gloria se vistió como uno de ellos. Y si así viste Dios la hierba que hoy está en el campo, y mañana es echada al horno, ¿cuánto más a vosotros, hombres de poca fe? Vosotros, pues, no os preocupéis por lo que habéis de comer, ni por lo que habéis de beber, ni estéis en ansiosa inquietud. Porque todas estas cosas buscan las gentes del mundo; pero vuestro Padre sabe que tenéis necesidad de estas cosas (Lucas 12.22-30).

La ansiedad se manifiesta de varias maneras:
- ◆ Aumento de irritabilidad
- ◆ Vacilación continua en la opinión
- ◆ Repetidos errores de juicio
- ◆ Sensación de persecución, incluso si no puede identificar al perseguidor
- ◆ Posponer las cosas
- ◆ Incremento del uso de sustancias químicas como medio de escape del dolor, el insomnio o la tensión nerviosa

◆ Baja productividad

En una ocasión Jesús se refirió a las ansiedades como «los afanes de este mundo» y dijo que estos «ahogan la palabra» y hacen que la persona no lleve fruto (Mateo 13.22). La ansiedad casi siempre da como resultado que la persona se vuelve menos productiva. Por cierto que mientras más ansiedad siente la persona, menos productiva tiende a volverse. Lo mismo es cierto en cuanto a la productividad espiritual o el llevar fruto espiritual. La persona atada por sus inseguridades, ansiedades y temores, no puede ser verdaderamente fructífera en el Reino de Dios.

¿CÓMO DEBE VENCER LA ANSIEDAD?

Para vencer la ansiedad tiene que enfrentar su temor aplastante al futuro. Necesita algo donde pueda anclar su vida de modo que, pase lo que pase, no se desviará de su curso. Lo único a lo que puede anclarse es a Dios y Jesucristo es el único medio de descubrir quién es Él. Si al fin y al cabo usted edifica su relación con Dios, Él le capacitará para encarar cualquier cosa que ocurra en su vida y salir victorioso. Quizás atraviese dificultades, adversidades o pruebas, pero mientras esté anclado a Él, hay esperanza.

Entonces, el paso primero y primordial para vencer la ansiedad es asegurarse de que tiene una relación personal con Jesucristo. Para hacerlo necesita venir sincera y honestamente a Dios, y decirle: «Quiero tener una relación contigo. Acepto lo que has hecho por mí, que has enviado a Jesucristo a esta tierra para que muera en mi lugar y se sacrifique por mis pecados. Acepto que deseas tener una relación conmigo. Recibo hoy el don gratuito de tu gracia que has puesto a mi disposición. Decido seguir al Señor».

Si nunca ha confiado en Jesús como su Salvador, el mayor problema de su vida es de pecado, de incredulidad. Esa es la raíz de la ansiedad. Cuando no confiamos en Dios en cuanto al futuro, no tenemos a nadie en quien confiar. El resultado es temor. No puede estar verdaderamente seguro respecto a ninguna otra cosa en la vida mientras no lo esté en su relación con el Señor.

Nadie, excepto Jesús, puede calmar su ansiedad. Usted puede buscar otros asuntos y echarle la culpa a otras personas, pero el hecho es que mientras Jesús no sea parte de su vida, siempre temerá a lo desconocido.

Hay una parte de su ser que Dios hizo para Él. Nada puede llenar ese vacío, ni ocupar esa parte, excepto Él. Mientras siga separado de Dios y rehúse permitir que Jesucristo llene ese lugar, sentirá que algo le falta. Y esa sensación de que algo le falta, de que algo anda mal, de que algo no está bien o de que algo no está completo, es el sentimiento de inseguridad.

Parte de su seguridad al aceptar a Jesús en su vida como su Salvador es la promesa que Él hizo de que jamás le abandonará. Él jamás le dejará. Jesús prometió: «Nunca te dejaré ni te desampararé».

Tal vez nosotros nos alejemos de Dios, pero Él nunca se aleja de nosotros. Podemos rechazar a Jesús, pero Él jamás nos rechaza. Es por eso que Él es nuestra ancla.

BUSQUE SU REINO

Una vez que ha entablado una relación con Jesús, su Fiador y Protector, debe dar un segundo paso. Jesús se refirió a este paso al concluir su discurso sobre las aves y los lirios: «Mas buscad el reino de Dios, y todas estas cosas os serán añadidas» (Lucas 12.31).

La búsqueda del Reino de Dios es la manera de llegar a conocer a Jesús de modo que pueda contar verdaderamente con Él. En otras palabras, saber cómo obra el Reino de Dios. ¿Qué demanda Dios? ¿Qué desea Dios? ¿Cómo quiere que vivamos con Él y en relación los unos con los otros?

Las respuestas a estas preguntas las encuentra al leer la Palabra de Dios. Empiece leyendo los Evangelios, especialmente el de Juan. Aprenda a conocer quién es Jesús. ¡Conózcalo! ¡Encuéntrese con Él! Aprenda a conocer su carácter, sus palabras, sus reacciones, su sentir hacia hombres y mujeres, donde uno de ellos es usted.

Y luego lea los Salmos. Notará los sentimientos de David, quien experimentó muchas adversidades y luchas y se sintió de la manera en que a menudo nos sentimos hoy. Descubrirá que no está solo en lo que siente y que Dios puede alcanzarle en el punto en que está y lo hará.

Cuando empieza a leer la Palabra de Dios y absorberla en su vida, el Espíritu de Dios actúa para expulsar sus temores. El proceso es más bien directo:

◆ Mientras más se concentre en quién es Dios y en cómo es Él, más empezará su actitud y pensamiento a cambiar. Comenzará a alinearse con la verdad de la Palabra de Dios. Empezará a sentir y a pensar de la manera que Dios siente y piensa.

◆ Al empezar a sentir y pensar como Dios, los temores se alejan. Un sentido de confianza y seguridad aparece. Se hallará descansando en Dios y confiando en Él cada vez más.

◆ Mientras más confía en Dios, más descubre que Él jamás le falla. ¡Puede contar con Él! Cuando eso ocurre, en su espíritu se desarrolla una intrepidez de modo que la ansiedad llega a ser cosa del pasado. Sabe quién es en Cristo y quién es Cristo en usted. Llega al lugar en donde puede confiar en que Él está con usted y que le ayuda a atravesar cualquier circunstancia o experiencia que la vida le presente.

Sobre todo, descubre que Dios es su aliado. No es su enemigo ni tampoco un riguroso juez exigente esperando aporrearlo por cada error. Le ama y desea que usted siempre crezca en su relación con Él.

Dios es su aliado. No es su enemigo ni tampoco un riguroso juez exigente esperando aporrearlo por cada error.

¿Le tiene miedo a Dios?

Algunas personas batallan con el temor a Dios. Sus temores son respecto a Dios y no respecto a personas o situaciones.

Con frecuencia les digo a las personas que me dicen que le tienen miedo a Dios: «Cuénteme algo sobre la relación que tiene con su padre».

Para los hijos, la persona más parecida a Dios es el padre. Este es la principal autoridad del hogar. Tiene poder y control sobre sus vidas como ninguna otra persona aparte de Dios. Si los hijos crecen temiendo a su padre terrenal, es muy fácil que transfieran ese miedo a Dios.

La diferencia es que un padre humano es humano, y como tal, no puede evitar cometer errores. Quizás lo maltrató, lo abandonó o incluso fue insensible con usted. Pero nuestro Padre celestial es un Dios de amor, de perdón, bondad, misericordia, gracia y benignidad; es un Padre que siempre quiere lo mejor para sus hijos.

Necesitamos preguntarnos: «¿Cómo es realmente Dios?» No lo que tal vez se ha enseñado, ni lo que tal vez hemos llegado a imaginarnos que es, basándonos en nuestra experiencia con nuestro padre terrenal; sino cómo Él es en realidad.

La mejor manera de descubrir cómo es el Padre, es mirando a Jesús. El Señor dijo que Él era la imagen de Dios. No hizo nada que el Padre no hiciera. Todo lo que hizo fue lo que el Padre hacía. Jesús trató a las personas con gran bondad, respeto y generosidad.

Tome a Zaqueo como ejemplo. Estaba en lo más bajo del círculo más despreciable de los judíos. No sólo era un recaudador de impuestos del lado opresor, Roma, sino que era deshonesto es sus tratos con las personas. Jesús no le dijo: «Eres un pillo, Zaqueo. Te vengo a buscar con mi escopeta de dos cañones». ¡No! Jesús le dijo a Zaqueo: «Bájate de ese árbol. Voy a almorzar en tu casa». (Véase Lucas 10.1-10.)

Luego tenemos a la mujer junto al pozo. Era muy conocida en su ciudad. Se había casado cinco veces y en esa época vivía con un hombre con el cual no estaba casada. Jesús no le dijo: «Eres una pecadora. No me hables». En lugar de eso, le dijo: «Si realmente quieres hallar verdadera satisfacción en tu vida, acude a mí como el Pozo de tu vida. Te daré agua viva duradera». (Véase Juan 4.5-41.)

¿Y qué en cuanto a la mujer sorprendida en adulterio? De acuerdo a la Ley debía ser apedreada hasta morir. ¿La condenó Jesús? ¡No! Le dijo: «Anda y no sigas haciéndolo». (Véase Juan 8.3-11.)

En los Evangelios, una vez tras otra vemos a Jesús acercándose a las personas, sanándolas, confortándolas, levantando a los muertos, restaurando a las personas, librándolas de los poderes del diablo y bendiciéndolas. Su naturaleza era llorar cuando sus amigos lloraban, reír cuando sus amigos reían y perdonar los pecados de modo que sus lágrimas pudieran convertirse en gozo. Y así es el carácter de Dios.

Dios es justo, pero debido a que es también Dios de misericordia, sus juicios respecto a nosotros como sus hijos son para nuestro bien.

Dios es todopoderoso, pero debido a que es también Dios de amor, su poder mueve el cielo y la tierra de modo que nosotros podamos experimentar todo lo bueno que Él tiene para nosotros.

Cómo enfrentar el momento crítico del temor

Al enfrentar un momento en particular de temor (por ejemplo, sabe que necesita tener una conversación con su cónyuge o su hijo, o necesita salir tarde en la noche y su automóvil está en un estacionamiento oscuro), haga dos cosas.

Primero, pídale a Dios su sabiduría para ese momento, para esa precisa circunstancia o situación. Pídale que le muestre lo que tiene que hacer o que le revele lo que debe decir. Si no tiene seguridad interna de que Él le dirige y está presente con usted, no se mueva. Escuche, en su corazón, su dirección. El Espíritu de Dios puede recordarle algún versículo de las Escrituras que le dará la confianza. Quizás traiga a su mente una idea que no se le ocurrió antes. Tal vez le anime a que llame a algún amigo para que ore con usted y por usted, o que le acompañe en la situación difícil. A lo mejor le revela alguna manera mejor de lidiar con el encuentro, por ejemplo, tener otra persona presente para la conversación o pedirle al guardia de seguridad que le acompañe hasta su vehículo.

Jesús se refirió al Espíritu de Dios como «el Espíritu de verdad» (Juan 15.26). Él no le guiará a algún error ni peligro. Siempre le guiará y le dirigirá a la verdad de alguna situación, o al corazón del asunto. Siempre le guiará a lo que da vida y a lo que la sustenta. Si alguna idea le viene a la mente que involucre algo que es contrario a la Palabra de Dios, que le incite al pecado o a que haga algo contrario a las enseñanzas de Jesús, puede estar seguro de que ella no proviene del Espíritu de verdad.

Segundo, recuerde las promesas de Dios. Dígase en voz alta: «Señor, tú dijiste que nunca me dejarías ni nunca me abandonarías. ¡Confío en que ahora mismo estás conmigo!»

Si no ha leído la Palabra de Dios y si no la ha leído lo suficiente como para tenerla sembrada en su corazón y en su memoria, el Espíritu de Dios no podrá reavivar esa Palabra en usted ni traerla a su mente. Primero debe saber la Palabra de Dios antes de poder recordarla. Esa es una razón más para acudir cada día a la Palabra de Dios y establecer un fundamento de confianza en Él basado en lo que dijo que sería para usted y haría en usted.

DECIDA APAGAR LAS VIEJAS GRABACIONES

Además de tener una relación con Jesús y buscar el Reino de Dios mediante la lectura de su Palabra y de aprender quién es Él y lo que desea y exige de nosotros, debemos asumir la responsabilidad de apagar las viejas grabaciones, borrar o reemplazar el mensaje del casete de los recuerdos.

Un día enfrenté una situación que exigía cierto riesgo personal y oí la voz de mi madre que empezaba a hablarme o, más bien, al niño que llevo dentro: «No lo intentes. Es peligroso. Te vas a lastimar».

Pensé: *¿Por qué? Sólo es un casete que se reproduce en mi cabeza. En realidad no tengo esos pensamientos respecto a la situación. Sólo estoy reemplazando lo que oí cuando niño: «No corras riesgos; no andes por las calles; no intentes nada que asuste».* ¡Decidí que ya era suficiente! La vida puede tener momentos difíciles, pero la Biblia me dice que puedo hacerlo todo mediante Jesucristo. (Véase Filipenses 4.13.)

No sé qué casetes ha estado oyendo hoy en día, pero estoy casi ciento por ciento seguro de que tiene cintas mentales y que las está escuchando.

Quizás la cinta le repite: «Tengo que sacar brillo al piso hoy, por si acaso el pastor viene a visitarme», o «No puedo ofrendar esta cantidad de dinero porque no tengo lo suficiente como para pagar las cuentas», o «Mejor mantener cerrada la boca porque tal vez digo alguna bobada».

Es tiempo de actuar en contra de los casetes de su pasado. Tienen su raíz en la ansiedad y el temor. Si escucha un mensaje que su cabeza empieza a reproducir y le lleva a confiar menos en Dios o tener más miedo de Él, tome una decisión expresa: «¡No oiré más de eso!»

DECIDA CONFIAR POR COMPLETO EN DIOS

Poco después de ser salvo, en mi adolescencia, descubrí que tenía dos grandes deseos. Uno era leer la Biblia y el otro era obedecer a Dios. Sentí que la persona que más sabía en cuanto a obedecer a Dios era mi abuelo.

Cuando tenía dieciséis años fui a visitarlo durante una semana. Todo lo que quería era hablarle y que él me hablara. En esos días mi abuelo frisaba los setenta, jubilado como predicador, pero todavía dedicado a algo de agricultura en el traspatio de su casa en las afueras de la ciudad.

Mi abuelo me habló toda la semana. Recuerdo que me sentí apabullado por él y por lo que me dijo. Sus palabras causaron un profundo efecto en mi vida.

Una de las cosas que me dijo fue: «Charles, si Dios te dice que atravieses con tu cabeza una pared de ladrillos, ve de cabeza hacia la pared y al llegar allá, Dios hará un agujero para que la atravieses». Esa fue la manera que mi abuelo usó para decir: «Obedece a Dios».

Mi abuelo también me contó cómo Dios lo llamó a predicar. En ese entonces había estado en una iglesia metodista que lo excomulgó porque aducía tener santificación plena. Cierta noche iba hacia su casa y luchaba respecto a si era Dios en realidad el que le estaba llamando a predicar. No tenía gran cosa de educación formal y a duras penas podía leer su Biblia. Entonces dijo: «Me arrodillé allí mismo en ese terraplén, y le dije: "Dios mío, si tú eres quien realmente quiere que yo predique, déjame ver dos estrellas fugaces"». Alzó su vista y, desde luego, vio dos estrellas fugaces en ese mismo instante. Yo interpreté lo que mi abuelo me dijo de la siguiente manera: «Dios moverá cielo y tierra para mostrarte su voluntad para tu vida, si es que de veras quieres cumplirla».

Después que mi abuelo comenzó a predicar decidió comprar una carpa y empezar a evangelizar allí. La carpa le costó trescientos dólares y él no tenía ni la menor idea de dónde iba a conseguir tanto dinero. Tuvo una visión mientras oraba y vio una casita rodeada con una cerca. La reconoció en su visión como un lugar que pensó haber visto cierta vez durante una visita a un pueblo no muy distante.

Al día siguiente se dirigió a aquella población y recorrió las calles hasta que halló la casa que vio en su visión. En ese instante, le entró miedo. Sin embargo, sabía que Dios tenía algo que ver con todo eso y finalmente reunió valor suficiente y llamó a la puerta. Una mujer contestó y dijo: «Vaya, señor Stanley. Precisamente quería hablar con usted». Le invitó a pasar y después que hablaron durante unos minutos, salió disculpándose y diciendo: «Tengo algo para usted». Regresó a la habitación y le entregó una bolsa de papel de estraza. En ella había trescientos billetes de un dólar. Le dijo: «Dios me dijo que le diera esto». Más tarde pensé en eso y resumí la experiencia con estas palabras: *Confía en mí, y yo proveeré para todas tus necesidades. No acudas a nadie más. Acude a mí.*

También recuerdo que mi abuelo me contó durante mi visita un incidente que le ocurrió mientras predicaba. Dos ebrios entraron un domingo por la mañana y se sentaron del lado derecho de la iglesia. Empezaron a hacer ruido durante el culto, de modo que mi abuelo detuvo su sermón y dijo: «O se callan, o se van». Se levantaron y salieron.

Dios moverá cielo y tierra para mostrarte su voluntad para tu vida, si es que de veras quieres cumplirla.

✳

Después del culto, cuando casi todo el mundo se había ido, dos diáconos se acercaron corriendo a mi abuelo y le dijeron: «Los dos tipos están afuera, blandiendo cuchillos de carnicero. Quieren matarlo. Vamos a llamar a la policía». Él les dijo: «No, no quiero que llamen a la policía». Ellos insistieron. También él. «No, no quiero que llamen a la policía. Quiero que se vayan a casa». Al final los diáconos se fueron.

Mi abuelo tomó su gastada Biblia Thompson con referencias y se arrodilló frente al altar, diciendo: «Dios mío, estoy predicando para ti y confío en ti». Luego se levantó y salió por la puerta del frente de la iglesia. Por supuesto, los dos hombres estaban al pie de las escaleras, pero mi abuelo simplemente descendió los escalones y pasó en medio de los dos; el hedor del alcohol era intenso. Los hombres se quedaron estupefactos.

Mi abuelo se dirigió caminando hacia su casa. Mientras almorzaba con su familia, oyó sirenas. Eso era un sonido más bien raro en su pequeña población, de modo que todos se levantaron y fueron a la carrera para ver lo que ocurría un par de calles más allá. Eran los mismos hombres, que se habían estrellado con su automóvil contra un poste. El carro estalló en llamas y ambos quedaron atrapados y murieron incinerados. Más tarde me di cuenta de que Dios usó a mi abuelo para decirme: *Confía en que yo seré tu protector.*

En el ómnibus que me llevaba a casa, después de la semana que pasé con mi abuelo, llegué a una conclusión: Si Dios obró en la vida de mi abuelo de esa manera, puedo confiar en que obrará también en la mía.

Pensé en los personajes del Antiguo Testamento que experimentaron la obra de Dios en sus vidas y empecé a leer con detenimiento sobre Abraham, José, David, Daniel y Moisés. Esos eran mis favoritos. Me sentí impulsado a leer sus historias una vez tras otra y a pensar en cómo Dios obró en la vida de mi abuelo.

Al mirar en retrospectiva, los relatos de mi abuelo me dieron los principios que me guían en la vida:

◆ Obedecer a Dios y dejarle a Él las consecuencias. Confiar en que Él abrirá el camino.

◆ Dios moverá cielo y tierra para revelar su voluntad, si es que de veras quiere conocerla y hacerla.

◆ Dios proveerá para todas sus necesidades.

◆ Dios le protegerá.

Cada principio tiene que ver con la confianza. Periódicamente debemos preguntarnos: «¿Confío realmente en Dios? ¿Estoy dispuesto a dejar todos mis afanes y preocupaciones en las manos de Dios, y permitirle que Él las atienda y me cuide?»

PREGUNTAS PARA HACERNOS DIARIAMENTE

Hay cuatro preguntas que si nos las hacemos todos los días, seremos sabios.

Pregunta #1: «¿Confío en que hoy Dios proveerá para mis necesidades?»

La Palabra de Dios dice: «Mi Dios, pues, suplirá todo lo que os falta conforme a sus riquezas en gloria en Cristo Jesús» (Filipenses 4.19).

Tenemos el privilegio de acudir a Dios en toda necesidad. Él es nuestro Padre celestial, es todo sabio, todo poder y todo amor. Quien nos amó tanto que dio a su Hijo por nuestra salvación eterna. No cabe duda que podemos confiar en que Él proveerá las cosas que necesitamos para vivir día a día en esta tierra.

Acuérdese de las palabras de Jesús en Lucas 12.30, después que describió cómo Dios cuida de las aves y de los lirios: «Vuestro Padre sabe que tenéis necesidad de estas cosas».

La responsabilidad de Dios es proveer las cosas que necesitamos. Nuestra responsabilidad es confiar en Él y mantener nuestro enfoque en quién es Él y en lo que suple, antes que en lo que nos hace falta en nuestras vidas. Demasiado a menudo cambiamos nuestro enfoque hasta el punto de fijarlo en lo que es exactamente opuesto al plan de Dios. Empezamos a confiar en lo que tenemos, nos fijamos en lo que no tenemos y le echamos la culpa a Dios de lo que nos hace falta. Más bien, confiemos en que Él sea la Fuente de toda nuestra provisión y mantengamos nuestros ojos fijos en lo que provee.

¿Por qué estoy tan seguro de que Dios suplirá sus necesidades? Debido a que le caracteriza ser *fiel*. La naturaleza de Dios no cambia. Siempre es el mismo.

En dos momentos de mis primeros años experimenté la provisión de Dios de una manera profunda.

Cuando tenía trece años conseguí una ruta para repartir el periódico *Commercial Appeal* [Pregón comercial] los lunes y los jueves por la mañana. Ese trabajo me dio el primer dinero que realmente me gané por mí mismo. Fue la provisión de Dios por medio del *trabajo*; y no sólo di gracias por eso, sino que lo hice lo mejor que pude. El periódico tenía competencias entre los muchachos repartidores; por ejemplo, una era ver quién podía conseguir el mayor número de nuevos clientes, o si no ver quién recibía el menor número de quejas. Me propuse ganar tantas competencias como pudiera. A la larga, logré conseguir una ruta para repartir periódicos en la mañana y luego en la tarde.

En ese aspecto me hallaba floreciendo. Ganaba alrededor de $18.00 a la semana, o sea, lo suficiente para adquirir lo que necesitaba, incluyendo trajes y zapatos para ir a la iglesia. Mi madre siempre insistió en que tuviera un buen traje y un buen par de zapatos para ir a la iglesia, de modo que pagué un dólar de entrada y luego aboné las cuotas hasta acabar de pagar el traje. En esos días los trajes regularmente costaban $29.95; uno realmente bueno costaba $34.95. Alrededor de dos veces al año, Charles Stanley, repartidor de periódicos, se compraba un traje nuevo. ¿Lo proveyó Dios? Sí. Mediante la oportunidad de trabajar.

Al confiar en el Señor para que sea la Fuente de su provisión, busque maneras en las cuales le dé oportunidades para trabajar. Sea sensible a las ideas que pueda darle o a las personas que hace que se crucen en su camino.

El Señor también me proveyó en mi adolescencia de una manera milagrosa, una manera que fue algo que hizo él totalmente, sin ningún esfuerzo de mi parte.

Una noche, estaba de pie en una esquina con un amigo y le decía que creía que Dios me había llamado a predicar. Le dije: «Sabes, tengo que ir a estudiar y no tengo el dinero». No conocía muy bien a este amigo. Simplemente conversábamos de la vida en una forma más bien casual. Yo repartía periódicos, pero después de pagar mis necesidades básicas, los ahorros eran escasos para ir a estudiar.

En ese momento de nuestra conversación dio la casualidad que el pastor de mi iglesia pasó por allí y Julián dijo: «Señor Hammock, Charles está convencido de que Dios lo ha llamado a predicar. ¿Cree usted que podría ayudarlo para que vaya a estudiar?»

El pastor Hammock dijo: «Pues bien, tal vez pudiera. ¿Por qué no vienes a verme?»

De modo que fui a su oficina un día y resultó ser una de las tardes más importantes en mi vida. El pastor Hammock hizo los arreglos para que yo recibiera una beca completa de cuatro años en la Universidad de Richmond, alrededor de doscientos cincuenta kilómetros al norte de Danville.

Salí hacia la universidad con setenta y cinco dólares a ni nombre y me gradué cuatro años más tarde sin deberle nada a nadie como no fuera mi gratitud. Una vez me quedé con sólo diez centavos en los bolsillos, pero nunca me quedé totalmente sin dinero. Trabajaba, por supuesto, durante los meses del verano, pero nunca tuve que preocuparme por la colegiatura, o vivienda o comida.

¿Me lo proveyó Dios? Sí. Él usó *personas generosas y altruistas*, para producir el milagro de provisión para mi vida.

Sea mediante oportunidades para trabajar, o por la generosidad de otros, Dios no sólo puede, sino que pone a disposición de usted su provisión. ¡Puede confiar en que lo hará!

Pregunta # 2: «¿Confío en que tú, Dios, serás mi seguridad hoy?»

Debemos mantener nuestros ojos en Dios, no en la situación del mundo, ni en la bolsa de valores, ni en el mercado de bonos fiduciarios, ni en la tasa presente de interés, ni en alguna otra cosa.

Créame, si usted aparta sus ojos de Dios y los pone en lo que ocurre en el mundo, ¡hallará suficiente inseguridad y motivo de ansiedad! Puede tomar cualquier periódico hoy, o escuchar cualquier noticiero, y luego acudir a su Biblia y concluir: «Pues, bien, ¡está sucediendo lo que la Biblia dice que ocurriría!» El mundo está trastornado. Los dolores de parto del fin parecen acercarse cada vez más rápido. Aunque quizás los tiempos estén cambiando, los valores morales alterándose, las naciones políticas ascendiendo o cayendo, usted puede tener la seguridad al saber que está anclado a un Dios inmutable, el Soberano del universo. Él conoce el corazón humano. Permite que la maldad humana se exprese en cierto grado, pero sólo hasta allí. Al final, Él tiene el control.

Sin que importe lo que esté ocurriendo en el mundo, podemos confiar en que Dios nos guiará y nos ayudará a tomar las decisiones apropiadas en nuestras relaciones, finanzas y vocaciones. No podemos cambiar el mundo, pero podemos poner nuestra confianza en el Dios que está en control de este mundo y quien puede cambiar nuestras vidas para que se conformen a su plan para nosotros. Podemos atravesar incluso los tiempos más difíciles con un sentido pasmoso de quietud interna y seguridad de que el Dios que está en control del mundo también controla nuestras vidas. Podemos confiar en que Él también usará las diversas circunstancias para hacernos crecer en la fe y fortalecernos.

Usted puede acumular más pólizas, bonos o cuentas de ahorros de las que puede contar, y aun así perderlo todo.

O puede también morir antes de haber tenido la oportunidad de usarlas. A la larga, la única seguridad es su relación con el Señor.

Ahora bien, de una manera muy práctica, podemos confiar en que Dios nos manifiesta su seguridad al guiarnos en los muchos métodos y medios que proveerán la seguridad financiera diaria para nosotros. Lo hacemos al preguntarle respecto a toda decisión que atañe a nuestras vidas.

Si alguien se le acerca para hablarle respecto a incrementar su póliza de seguros, hable con Dios antes de tomar una decisión. Pregúntele: «¿Es esto algo que tú quieres que haga?» Puede ser que Él diga: *No, tengo algo mejor esperándote más adelante*, o, *No ahora. Quiero que confíes en mí respecto a tu futuro y de otra manera.* Tal vez le diga en su corazón: *Sí, esto es algo que quiero que tengas. Yo guié a esta persona a que se cruzara en tu camino, para que pudieras tener algo que necesitarás más adelante.*

El asunto puede ser cuestión de propiedad. Pregúntele al Señor antes de hacer la inversión: «¿Es esto algo que tú quieres que tenga? ¿Es esto una compra sabia?» Escuche su dirección. Observe las maneras en que Él confirma su voluntad para usted.

Dios nunca le guiará a tomar una decisión insensata. De nuevo, su mismo carácter es *sabiduría*. Él no irá en contra de su naturaleza para guiarlo.

Es triste que innumerables personas en todo el mundo acuden al ocultismo en busca de seguridad. Creen que al saber el futuro, mediante visitas a médiums o adivinos, o lectores de las hojas de té y cartas tarot, podrán ser capaces de manipular el futuro. No se dan cuenta de que acuden a quienes están asociados con el padre de las mentiras, el mismo diablo, ¡en busca de la verdad! ¿Por qué acudiría alguien a un mentiroso consumado en busca de la verdad?

¿Y qué clase de futuro ven estos adivinos? Muchas veces esos que quieren saberlo salen con una idea de que el futuro es en realidad atemorizante. «Ven» cosas que les hacen realizar acciones precipitadas que con frecuencia son destructivas para ellos y para otros.

Todavía más, los pronosticadores de fortuna no otorgan ninguna ayuda respecto al futuro que al parecer vaticinan. No pueden ayudar a la persona a prepararse para enfrentarse con ese futuro.

La persona que empieza a confiar en algún agorero, el cual trabaja bajo el poder del diablo, está en realidad poniendo su confianza en el diablo y desarrollando una relación con el enemigo del alma. Esa relación acabará siendo extremadamente perturbadora y, a la larga, destructiva.

Los que tratan con lo oculto no son los únicos que aducen decirle lo que le aguarda en el futuro. Muchas personas bien intencionadas tratan de decirle qué hacer o cómo responder a los problemas de hoy a fin de que usted pueda tener un futuro positivo.

Nunca dependa de otra persona para decirle lo que guarda su futuro ni para que se lo defina. Nadie sabe a ciencia cierta lo que es mejor para usted, lo que es apropiado, o lo que Dios tiene planeado para su bien en el futuro. Sólo Dios lo sabe, no un maestro, ni el pastor, ni un mentor, ni un director espiritual, ni padre ni amigo. Sólo Dios sabe lo que Él mismo ha ordenado para su bien en los días venideros. Sólo Dios ve cuán brillante puede ser su futuro en Él.

Un asesor sabio puede ayudarle a discernir el plan de
Dios. Un asesor puede ayudarle a explorar las maneras en
que Dios le revela su plan. Un consejero quizás sea capaz
de ayudarle a ver cosas respecto a usted mismo o al plan
de Dios que tal vez no sea capaz de ver por sí mismo. Pero
eso es muy diferente a dictarle el futuro o decirle con
certeza: «Así es como serán las cosas para usted».

Sólo Dios sabe con certeza lo que guarda el mañana.
Él revela el futuro cuando nos beneficia saberlo. Él dice
en su Palabra: «Te haré entender, y te enseñaré el camino
en que debes andar;/ Sobre ti fijaré mis ojos» (Salmo
32.8). Para que Dios nos guíe con sus ojos, ¡necesitamos
centrarnos en Él!

Todos sabemos lo que significa tener un indicio de
alguien debido a la forma en que nos mira, para tomar una
dirección u otra, detenernos, arrancar, o fijar nuestra
atención en algo en particular. Para avanzar en tal dirección, sin embargo, necesitamos mirar fijamente a los ojos
de la persona. Lo mismo es cierto para la dirección que
recibimos de Dios. No puede guiarnos con sus ojos si
miramos a alguien o a algo que no sea Él. Dios dice:

> Fíate de Jehová de todo tu corazón,
> Y no te apoyes en tu propia prudencia.
> Reconócelo en todos tus caminos,
> Y Él enderezará tus veredas (Proverbios 3.5-6).

Dios nos hace numerosas promesas en su Palabra para
dirigirnos, guiarnos y conducirnos paso a paso al futuro
que tiene preparado para nosotros. Dios es infinito en su

sabiduría. También es infinito en su amor hacia nosotros. Va a revelarnos sólo lo mejor que podamos saber.

Pregunta # 3: «¿Estoy dispuesto a arriesgar algo de lo que tengo ahora debido a que confío en Dios para suplir mis necesidades mañana?

Mi madre era una gran dadora. Nunca desechaba ni una migaja de pan. Si veía a un niño con hambre, siempre hacía lo mejor que podía para darle algo de comer.

He conocido a muchas personas que vivieron durante los días de la Gran Depresión, sin embargo, incluso hoy sienten necesidad de tener sus despensas llenas. En muchos de estos casos la persona confía más en una despensa llena para la provisión de mañana, antes que en el Señor.

Necesitamos preguntarnos: «¿Confiamos en nuestra abundancia o en el Señor?»

Nuestra abundancia puede ser una gran cuenta en el banco, o un amplio portafolio de acciones o una cuenta de jubilación llena, o un jugoso cheque procedente del Seguro Social.

Dios no se preocupa de a cuánto asciende nuestra despensa financiera. Él sabe que va a proveerle para su próxima comida sea que sus bolsillos estén o no llenos. La pregunta real es: «¿Cuánta confianza hay en su corazón?»

¿Puede confiar realmente en que Dios proveerá su próxima comida? ¿Su próximo pago? ¿Su próxima cuenta de servicios públicos? ¿Su próxima reparación?

Hay quienes tienen despensas llenas y absolutamente nada de paz en sus corazones. Tanto como tienen, pero en realidad no tienen ningún sentido de seguridad. Por otro lado, hay quienes tienen sus despensas casi vacías y, sin embargo, están repletos de gozo, paz y confianza. La cuestión no es lo que tenemos o no tenemos; el asunto es cuánto confiamos en Dios.

Mi abuelo decía: «Mira a Dios como tu Fuente. Nosotros sólo somos canales. Él es la Fuente. Si miras a las personas, te vuelves dependiente de ellas. Si miras a Dios, Él manejará a las personas».

Creí sus palabras, porque sabía que al hacerlo también creía a Dios en su Palabra.

Usted no necesita hacer cómputos, calcular, sumar, manipular, ni conspirar para conseguir lo que el Señor desea que tenga en el futuro. Él ya sabe lo que usted necesita.

✳

En todos mis años de ministerio sólo una vez le pedí dinero a alguien. En esos días estábamos instalando un sistema de llamadas gratuitas para nuestro ministerio de radio y televisión. Un día me hallaba hablando por teléfono con un hombre y en el curso de la conversación me hallé contándole respecto al nuevo proyecto. Me preguntó cuánto iba a costar. Le dije: «Alrededor de $25,000», y luego añadí, como algo que se me ocurrió al momento: «Veamos, ¿por qué no nos da usted $25,000?» Él contestó: «Son suyos».

En retrospectiva, ¡a menudo me he preguntado si debí pedirle más! Sin embargo, no fue nada calculado de mi parte, ni con la intención de manipularlo. Fue una pregunta inocente como la de mi amigo Julián al pastor Hammock. En ambos casos, Dios tenía una persona generosa en el lugar preciso y en el momento apropiado para suplir una necesidad.

Usted no necesita hacer cómputos, calcular, sumar, manipular, ni conspirar para conseguir lo que el Señor desea que tenga en el futuro. Él ya sabe lo que usted

necesita y ya está arreglando las personas y las circunstancias para que estén listas y disponibles para usted en el
momento preciso.

Pregunta # 4: «¿Confío en que tú, Señor, me
mostrarás hoy tu camino?»

Parte de confiarle el futuro a Dios es confiar en que Él
le mostrará las decisiones que debe tomar y cuándo actuar
al respecto. Puede pedirle al Señor que le muestre qué
hacer y cuándo hacerlo, y que le dé la confirmación de que
está en el camino correcto.

Cuando estaba en el último año de la universidad
atravesé un conflicto real. Asistía al Cuerpo de Entrena-
miento de Oficiales de Reserva, y mientras jugaba en un
equipo universitario de fútbol estadounidense me caí y me
desgarré un ligamento en la pierna. Me pusieron un pesado
yeso, que tuve que llevar durante varias semanas.

La semana en que me quitaron el yeso era la de
exámenes. Saqué 50 de 100 en mi examen de trigonome-
tría y 70 de 100 en historia (que era mi especialización).
En resumen, en esa semana fallé en cada examen, excepto
en uno, y difícilmente podía darme el lujo de tener una
calificación deficiente en mi especialización.

Sentí un tremendo peso. Saqué mi Biblia y la leí delante
de Dios. Incluso saqué mi himnario y se lo leí. Persistía
en clamarle: «Dios mío, ¡puedo llegar a fracasar y no
graduarme, incluso en este punto tan cerca del final!» No
hubo ninguna respuesta del cielo. Fue una semana terrible.

El jueves por la noche me fui al Edificio Thomas y
mientras caminaba allí empecé a llorar. Me detuve y miré

hacia el cielo, y dije: «Dios mío, no tengo ningún derecho a preguntártelo, pero realmente tengo que saber qué está sucediendo. ¿Estás allí? ¿Estoy en el camino correcto?» Entonces recordé el relato del abuelo y añadí: «Si estoy en el camino correcto, ¿me harías el favor de dejarme ver dos estrellas fugaces?»

Levanté la vista al firmamento en la noche clara, con la Vía Láctea desparramada tan brillantemente. Había luminarias innumerables en el cielo que podían haberse convertido en estrellas fugaces. Pero por más que observé, ni una sola estrella fugaz apareció.

Me fui a la habitación de dos amigos y les dije: «Necesito que oren por mí». Cuando regresé a mi habitación, habían orado hasta las dos de la mañana. Dios no me había hablado.

El sábado por la mañana mi amigo Avery vino a verme y dijo: «Vamos a comer una hamburguesa». El comedor de la universidad estaba cerrado los sábados por la noche, de modo que nos dirigimos a la ciudad. Camino de regreso al dormitorio, mi amigo me dijo: «Déjame mostrarte un atajo», y cruzamos por el traspatio de una iglesia episcopal. Se detuvo y dijo: «¿No es una noche hermosa?» Alzamos la vista al cielo y en ese momento dos estrellas fugaces aparecieron simultáneamente, pareciendo estar separadas apenas diez centímetros.

Me fui a mi habitación y mientras me cepillaba los dientes oí al Señor que me decía en el corazón: *¿Recuerdas lo que me pediste?*

Le dije: «Ah, eso ha ocurrido miles de veces antes. He visto muchísimas estrellas fugaces».

Él dijo: *Pero, ¿has visto alguna vez dos de ellas al mismo tiempo?*

«No».

¿Las has visto estando en el patio de alguna iglesia?

«No».

¿Me lo habías pedido antes?

«No».

Regresé a mi escritorio y traté de estudiar sin lograrlo. Finalmente me arrodillé junto a mi cama. Dios confirmó esa noche mi llamado al ministerio... para siempre. Le dije al Señor: «Cualquier cosa que tengas para mí, confío en ti. Y confío en que me guiarás en cada paso del camino».

Me incorporé esa noche sintiéndome permanentemente anclado a Dios y a su voluntad para mi vida.

CÓMO LIDIAR CON EL TEMOR PARALIZANTE

Muchas personas parecen experimentar *ataques de pánico* o *de ansiedad*. Cuando el ataque sobreviene, el corazón se acelera, la piel suda, y se sienten débiles y a punto de desmayarse. Verdaderamente están en las garras de un asalto súbito de temor e inseguridad.

¿Qué puede hacer si uno de tales ataques le acomete?

Lo primero que tiene que hacer es dirigir su enfoque a Dios. Dígale en voz alta: «Padre, tú eres mi Padre celestial. Has prometido suplir todas mis necesidades. Dijiste que vives en mí. Dijiste que me harías apto para todo en cualquier circunstancia. El apóstol Pablo escribió: Todo lo puedo en Cristo que me fortalece" (Filipenses 4.13), y me apropio de ese pasaje como tu verdad para mí en este instante. Siento como si fuera a hacerme pedazos. No sé a dónde acudir. Me siento como que he perdido el control. Tú prometiste estar conmigo. Dios mío, confío en ti. Confío en que tengas todo bajo control».

Cuando he experimentado momentos de pánico y he acudido a Dios de esta manera, he descubierto una vez tras otra que una asombrosa percepción de su quietud llena mi corazón. Él se convierte en mi enfoque total. Le veo como un Dios lleno de gracia y amor, de misericordia y bondad. Cuando le miro, veo a Alguien en quien puedo confiar completamente.

Cuando me miro separado de la presencia de Dios, me veo como *lo opuesto*. Analizo las amenazas, las acusaciones y las consecuencias negativas que el mundo tiene, y mi respuesta es invariablemente una sensación de temor. Este mundo es un lugar muy duro. No es algo que quiero tratar de conquistar con mis fuerzas y sin Dios.

Segundo, necesita reprender al temor mismo en el nombre de Jesús. Note cuidadosamente que dije que debe reprender el temor, no la persona ni las circunstancias. Al tratar con la persona que pronuncia palabras que causan temor, o al tratar con la persona que le está amenazando, debe decirle, con audacia y sin ambages que debe callarse.

El temor paralizante no viene de Dios. El Señor no hace nada que nos haga responder con el pensamiento o el sentimiento de: *No hay nada bueno en esto*, o *Esto va a destruirme*. Dios no hace que su pueblo caiga presa del pánico o se sienta como que la vida se le escurre entre los dedos. Como nos lo dice 2 Timoteo 1.7: «Porque no nos ha dado Dios espíritu de cobardía, sino de poder, de amor y de dominio propio». Es el deseo de Dios que tengamos confianza y autoridad sobre el temor. Tenemos su pleno permiso para decir: «Este temor no viene de Dios. Lo reprendo en el nombre de Jesús».

Varias veces ha habido personas que se han puesto de pie en los cultos de nuestra iglesia y han empezado a parlotear alguna cosa que es totalmente opuesta a los propósitos de Dios. En cada caso, un espíritu de temor ha parecido apoderarse de la concurrencia mientras la persona hablaba. Me he sentido impulsado a decir: «¡Esto no procede de Dios. Reprendo en el nombre de Jesús lo que usted dice. Siéntese y manténgase en silencio». También he tenido experiencias similares en mi vida personal. En algunos casos he tenido que decirle directamente a la persona: «Esto no viene de Dios. Rehúso permitir que me afecta alguna cosa de lo que me dice».

Como hijo de Dios, tiene la autoridad para hablarle tanto al temor como a la persona que se lo causa. Reprenda al temor. Exija que la persona se calle.

CÓMO MANTENER EL ENFOQUE EN EL SEÑOR

Aunque hay ocasiones en que necesitamos reprender al diablo, jamás debemos poner sobre él nuestro enfoque cuando surge la tragedia, el conflicto o una experiencia traumática.

Si ponemos nuestro enfoque sobre el diablo y le vemos como un tirano que viene constantemente a amenazarnos, podemos sentir mucho miedo. Después de todo, el diablo tiene un montón de víctimas famosas en su historial, desde el tiempo de Adán y Eva y hasta el presente. Antes que darle nuestra atención al diablo y a lo que trata de hacernos *a* nosotros, pongamos nuestro enfoque en el Señor y en lo que Él promete hacer *por* nosotros.

Es fácil marchitarse o empequeñecerse frente al diablo. Por otro lado, es muy difícil amilanarse si acudimos a Dios y le miramos a Él. En Él vemos a nuestro Vencedor, nuestro Salvador, nuestro Libertador, ¡nuestro pronto auxilio en las tribulaciones!

Las maravillosas nuevas son que cuando acudimos al Señor, estamos, como lo dicen las Escrituras, resistiendo al diablo. La Biblia nos da el equilibrio apropiado: «Someteos, pues, a Dios; resistid al diablo, y huirá de vosotros. Acercaos a Dios, y Él se acercará a vosotros» (Santiago 4.7-8). No hay mayor resistencia al diablo que acudir a Dios y decirle: «Padre, ¡confío en ti!»

El diablo volverá una vez tras otra, por supuesto. Esa es su naturaleza. Hace lo más que puede tratando de tentar a cada persona a que peque mientras la misma está viva. Nadie es inmune a las tentaciones del diablo.

Sin embargo, lo que puede ocurrir, y en efecto ocurre, es que podemos llegar a estar tan seguros en Jesús, tan confiados en que Dios es nuestro Dios, que las tentaciones del diablo tienen cada vez menos impacto en nosotros. No podemos evitar que el diablo trate de atacarnos, pero sí podemos colocarnos en el lugar en donde oiremos el rugir del diablo como un mero gemido.

La gente que hace ejercicios con regularidad sabe el gran beneficio de la resistencia desarrollada al practicarlos. Los músculos se fortalecen mediante la gran resistencia a las pesas. El mismo principio es válido en el ámbito espiritual. Mientras más resistimos al diablo sometiéndonos a Dios, más fuertes seremos. Mientras más nos acercamos a Dios, cada vez es menos probable que el diablo nos vea como presa fácil.

Habrá veces, sin embargo, cuando Dios tal vez nos otorgue una victoria tan completa y eterna en un área de pecado o tentación en nuestras vidas, o sobre algún enemigo que nos ha atormentado, que nunca tendremos que volver a enfrentarla. Esa debilidad en particular ha quedado resuelta para siempre.

Eso fue lo que ocurrió con Moisés y los hijos de Israel cuando salieron de Egipto. Los hijos de Israel marcharon sin mirar a sus espaldas. Recibieron el oro y los tesoros de Egipto de manos de sus anteriores capataces. Tenían la señal de Dios para su provisión y protección, la sangre derramada del cordero pascual que dejó con vida al primogénito de sus niños y sus animales. Y luego, como un sello asegurándoles que Dios les había librado, vieron a los caballos, los carros y los soldados de Faraón hundirse en las aguas del Mar Rojo, cumpliendo la palabra del Señor a Moisés de que «los egipcios que hoy habéis visto, nunca más para siempre los veréis» (Éxodo 14.13).

En algunos casos, Dios libra a la persona de la esclavitud del pecado de una manera similar.

En otros, le da una victoria en una situación o circunstancia en particular, o una serie de victorias. Si esa es la manera en que parece que Él está obrando en su vida, puede descansar en el conocimiento de que Dios está con usted. Él está obrando en usted y mediante usted, y cada vez que experimente una victoria, puede saber que Dios está haciéndole confiar en Él y crecer.

LA SEGURIDAD DE SU TOQUE

La mayor seguridad que cualquiera de nosotros puede jamás tener es sin duda la que se siente en los brazos de alguien que nos quiere profundamente, tal vez un padre, un abuelo, un cónyuge, un hijo o un amigo.

«Pero», tal vez diga usted, «Dios no tiene brazos. No puedo sentir la seguridad de su toque». ¡Ah, pero sí puede!

Es asombroso cómo Dios envía a su pueblo a nuestras vidas para tocarnos, abrazarnos, sostenernos y satisfacer la necesidad que tenemos de experimentar su amor puro, sin adulteración, genuino. En parte, conocemos la presencia de Dios y sentimos su seguridad mediante aquellos que Él manda a nuestras vidas y que pueden tocarnos y amarnos así como Jesús lo haría si anduviera por las ciudades en que vivimos hoy.

En otras ocasiones Dios simplemente nos envuelve con su presencia. Podemos clamar a Él: «Padre, no tengo a nadie sino a ti. Necesito sentirte. Necesito saber que estás allí». Y es casi como si Él extendiera su mano y nos cubriera con su presencia. El salmista describe esto como si Dios lo cubriera con sus alas:

> ¡Cuán preciosa, oh Dios, es tu misericordia!
> Por eso los hijos de los hombres se amparan bajo la
>   sombra de tus alas.
> Serán completamente saciados de la grosura de tu
>   casa,
> Y tú los abrevarás del torrente de tus delicias
>   (Salmo 36.7-8).

Este arrollador sentido del bienestar de Dios puede ser tan real que es como si en efecto nos arrullara en sus brazos, protegiera en su seno, cubriera con seguridad bajo sus alas eternas. ¡Y en efecto lo estamos! Lo que se siente es total satisfacción, contento y seguridad.

Es ese sentimiento de completa seguridad, un sentido permanente de su presencia con nosotros siempre, que Dios anhela que tengamos cada uno de nosotros. Viene conforme confiamos en Él y aceptamos de Él lo que anhela darnos.

ESPERE QUE SU CONFIANZA CREZCA

La confianza en Dios, la respuesta para las ansiedades y temores, no es estática.

No es algo absoluto.

No siempre es constante.

Rara vez es perfecta o total.

Más bien, crece.

No se desanime si su capacidad para confiar en Dios parece diluirse o desvanecerse. Esto es simplemente humano.

La decisión que debemos tomar, no obstante, es que vamos a tratar de confiar más en Dios. En momentos de debilidad necesitamos empezar a fiar en Él. Cuando nuestro nivel de seguridad es bajo, necesitamos confiar más en Él. Incluso en tiempos muy seguros debemos tratar de confiar en Él *aún más*.

La esperanza maravillosa que tenemos, por supuesto, es que mientras más confiamos en Dios, más hallamos que Él es fiel. Así que, mientras más dispuestos estamos a confiar, más nos muestra que podemos fiar en Él.

La naturaleza de Dios no ha cambiado. Siempre es digno de confianza. Lo que ocurre, más bien, es que crecemos en nuestra capacidad de confiar en Él. Ninguno de nosotros empieza con una capacidad fuerte para confiar. Cada uno debe crecer y desarrollarse en la confianza. Y esta se vuelve más fuerte conforme confiamos.

Finalmente, mientras más fuerte es nuestro nivel de confianza en el Señor, más se desvanecen nuestras inseguridades, ansiedades y temores. Somos capaces de hacer lo que Pedro nos dice que hagamos: «Humillaos, pues, bajo la poderosa mano de Dios, para que Él os exalte cuando fuere tiempo; echando toda vuestra ansiedad sobre Él, porque Él tiene cuidado de vosotros» (1 Pedro 5.6-7).

Mientras más nos humillamos para confiar en Dios y descansamos en su mano para nuestra provisión, para protegernos y guiarnos, más aumenta Él nuestra fuerza, fe y bienestar. Mientras más echamos sobre Él nuestras ansiedades, más nos muestra cuánto en realidad desea cuidarnos, darnos y librarnos de todo mal.

¿Se siente hoy lleno de ansiedad y temor?

¡Acuda presuroso a refugiarse bajo las alas del Señor!

CÁPSULA DE VERDAD

Cuando se sienta inseguro, ansioso o temeroso:

1. Reevalúe su relación con el Señor Jesús. ¿Confía en Él como su Salvador? ¿Está dispuesto a seguirle como su Señor?

2. Reevalúe su consagración a la lectura de la Palabra de Dios. ¿Lee la Biblia con regularidad? ¿Obtiene de ella fortaleza? ¿Modela su vida conforme a lo que Dios dice que haga y sea?

3. Reevalúe su disposición a confiar en que Dios le proveerá, protegerá, estará a su disposición y le dará a conocer su voluntad. Si no confía en Dios como la Fuente de su protección, provisión y dirección, empiece hoy mismo a hacerlo.

4. Busque maneras en las cuales Dios le permitirá sentir su presencia, bien sea directamente o mediante las acciones de amor genuino de otros.

*M*i exceso de equipaje debido al temor.

_____

_____

_____

_____

_____

_____

_____

_____

*C*ómo puedo aligerar esta carga.

_____

_____

_____

_____

_____

_____

_____

*D*ios es la fuente de mi fortaleza.

MALTRATO

Cuando tenía nueve años mi madre se casó con mi padrastro, un hombre lleno de hostilidad, cólera y amargura. Como resultado, mi vida cambió dramáticamente.

Recuerdo cuando mi madre empezó a salir con él. Yo no lo aprobé y no sabía qué hacer al respecto. No recuerdo, sin embargo, que mi madre me haya dicho de antemano

> *N*unca le oí decir que se interesaba por mí ni que me quería. No recuerdo que jamás me haya dado nada.◆

que se iba a casar. De súbito ella y John estaban casados, y él vino a vivir con nosotros. Sentí como si hubiera invadido mi vida.

Pasadas dos semanas aproximadamente, John y yo tuvimos una discrepancia, algo referente al pollo frito que teníamos para la cena, según recuerdo, y él estalló en cólera. Me di cuenta de que vivir con él iba a ser terrible y mi opinión nunca cambió.

En todo sentido, John era bravucón y abusador. Jamás le oí decir una palabra positiva respecto a algo. Nunca le oí decir que se interesaba por mí ni que me quería. No recuerdo que jamás me haya dado nada. Era egocentrista y, ese ego del cual estaba tan lleno, se caracterizaba por un temperamento violento y un lenguaje soez. Espiritualmente hablando, decía creer en Dios, pero rara vez iba a la iglesia.

*Me maltra-
taba tanto
que muchas
noches du-
rante mi ado-
lescencia me
fui a la cama
teniendo con-
migo mi rifle
calibre 22
cargado y la
puerta cerra-
da con llave.*

✳

Me maltrataba tanto que muchas noches durante mi adolescencia me fui a la cama teniendo conmigo mi rifle calibre 22 cargado y la puerta cerrada con llave. Recuerdo una vez haberlo visto en la cama, encima de mi madre, y con sus manos apretándole el cuello como si fuera a estrangularla. Si hubiera podido empuñar un cuchillo en ese momento, quizás lo hubiera matado.

Debido a la conducta explosiva de mi padrastro, ni mi madre ni yo nos sentíamos tranquilos al entrar en la casa cuando él estaba allí. Nunca estábamos seguros de lo que ocurriría ni de lo que pudiera hacer estallar su cólera.

Los sicólogos nos dicen que los tres elementos esenciales para una vida emocional saludable son un sentido de pertenencia, un sentido de real valía y un sentido de competencia. Yo no tuve ninguno de esos elementos esenciales en mi vida, desde los nueve hasta los dieciocho años, cuando me fui a la universidad.

Mi hogar no fue el único lugar en donde aprendí el maltrato.

Uno de mis recuerdos de la niñez es una ocasión cuando fui a ver a una tía y a su esposo. El tío Ervin me dio una bofetada tan violenta que me lanzó a más de un metro. Al año siguiente murió en un accidente de bicicleta y recuerdo haber pensado como niño: *Me pregunto si Dios hizo eso por lo que él me hizo a mí.*

Incontables adultos hoy pueden relacionarse con mis experiencias. Parece que en la última década la disposición de nuestra sociedad para admitir, enfrentar y hablar respecto al abuso se ha aumentado enormemente. Los pastores y consejeros oímos un constante torrente de dolor en declaraciones como las siguientes:

«Me azotaban hasta que me abrían las heridas, tanto física como emocionalmente».

«El maltrato con el tiempo llegó a ser tan severo que ya ni sentía el dolor. La mayor parte del tiempo me sentía como adormecido por el dolor».

«Cuando mi padre empezaba a maltratarme, me encerraba dentro de mí mismo y trataba de pensar en alguna otra cosa. Era la única manera que podía arreglármelas para aguantar».

«Mi madre jamás me dijo que aprobaba alguna cosa que hubiera hecho. En lugar de eso, oí mucho sobre todo lo que no debería hacer, lo que no debería ser y lo que no debería haber dicho o hecho».

EN QUÉ SE DIFERENCIAN LA DISCIPLINA Y EL MALTRATO

Es de vital importancia, al hablar del abuso y de las palabras de Dios de sanidad y bienestar a los maltratados, diferenciar la disciplina del maltrato.

La definición de abuso varía de persona a persona. El alcance del maltrato que se percibe también puede variar de un período de la vida a otro. Para una persona, por ejemplo, el adulterio puede ser considerado como abuso en el matrimonio; para otra, tiene que ver sólo con violencia física.

El maltrato verbal y el ultraje emocional son más difíciles de definir que el físico o sexual. Para algunos, la crítica regular o intensa puede considerarse maltrato verbal y maltrato emocional. Para otra persona tales palabras de crítica tal vez no tengan ni el menor impacto.

La definición de abuso varía de persona a persona. El alcance del maltrato que se percibe también puede variar de un período de la vida a otro.

✳

Debemos reconocer las diferencias fundamentales entre la disciplina y el maltrato.

En primer lugar, la disciplina se da en directa respuesta a las acciones de una persona. Siempre debe haber una causa identificable para la disciplina. El maltrato, por otro lado, con frecuencia no guarda ninguna relación con la conducta de la víctima. Las acciones totalmente inocentes de ella pueden desatar una violenta respuesta de parte del victimario. La persona que es dada a maltratar a otros tiene una predisposición interna al abuso. En otras palabras, el victimario sólo está a la espera de una excusa para desatar el maltrato. El que maltrata, golpea, priva o ataca debido a algo que reside muy dentro de su ser, el maltrato erupciona del pozo interno de su cólera, amargura u odio.

En segundo lugar, la corrección se administra para el beneficio de la persona disciplinada. Unas nalgadas o un tiempo de irse a su habitación, por ejemplo, pueden aplicarse a un niño para conseguir que su atención se enfoque en algo que hizo, con la esperanza de enseñarlo para que cambie. La meta de la disciplina es alterar la conducta y producir un cambio en la manera en que la persona responde a la vida. El maltrato, por otro lado, trata de hacerle daño a la víctima. La intención del agresor es dañar e infligir dolor. No es la corrección.

En la médula de la conducta agresiva se halla un deseo de controlar a la otra persona. El maltrato es manipulador y se basa en el poder.

La disciplina es un acto de amor, enraizado en un deseo de que la persona sea lo mejor posible.

Mi madre usaba con frecuencia un látigo para castigarme y algunas veces sentí que me fustigaba debido a que su cólera estaba a un grado mayor del que justificaban mis acciones. En ocasiones mis piernas sangraban. Ella también mantenía un riguroso control sobre mí. Quería saber dónde estaba y lo que hacía en cada momento del día.

Sin embargo, nunca pensé que me maltratara físicamente. Ella quería que creciera y fuera alguien especial. Mientras estaba encinta, casi siempre se iba detrás de nuestro granero y se sentaba en un tocón y oraba por mí, pidiéndole a Dios que me hiciera alguien grande algún día. Después que nací, oró por mí todos los días de su vida. Los castigos físicos que me propinaba eran para mi bien. Eran el resultado de mis trastadas y tenían la intención de que cambiara mi mala conducta por una buena.

Mi padrastro, en contraste, vomitaba su hostilidad sin que importara lo que ocurría a su alrededor. No tenía el concepto de que yo fuera mejor y dudo que tuviera algún otro respecto a sí mismo.

Podemos saber estas cosas con certeza respecto al maltrato:

◆ Dios nunca desea que a sus hijos se les maltrate ritual y regularmente, ni emocional ni físicamente. La crítica verbal intensa, los golpes y los casos de severa privación de necesidades físicas (comida, agua, techo) pueden contarse como maltrato físico y/o emocional.

◆ Dios jamás desea que a sus hijos se les maltrate sexualmente. El incesto, el adulterio y la fornicación están explícitamente prohibidos en las Escrituras.

¿Qué, entonces, debemos hacer como hijos de Dios si encontramos maltrato o si lo hemos experimentado en el pasado?

RESPUESTAS AL MALTRATO

El Señor nos llama a responder de varias maneras al maltrato, las cuales nos ponen en posición de que Él nos sane el daño que se nos ha hecho emocionalmente y nos liberte para que seamos capaces de descargar el equipaje emocional resultante.

Respuesta #1: Busque la dirección de Dios

Si en la actualidad sufre maltrato en una relación, lo primero que debe hacer es preguntarle al Señor específicamente: «Señor, ¿qué quieres que haga? ¿Qué acción quieres que realice?»

No hay respuesta fácil sobre qué hacer en una situación de maltrato. La dirección del Señor será personal en alto grado.

◆ Dios tal vez le diga que se aleje físicamente de la situación. Si el Señor le dirige a que se aleje del agresor, tenga presente que la separación física no necesariamente significa que usted se desliga de la relación con la persona, ni que se divorcia, ni que trata de escapar de todo contacto con esa persona.

◆ Dios quizás le diga que busque asesoramiento de un consejero sabio, objetivo y que honre la Biblia. Los amigos con frecuencia le reflejan los mismos deseos que usted tiene. En otros casos le dan opiniones prejuiciadas y subjetivas. Busque a alguien que sea objetivo en cuanto a usted y su situación, y que basará su consejo en la Palabra de Dios.

◆ A lo mejor Dios le dice que permanezca en la situación, que ore y que crea que puede haber una transformación en la vida de la otra persona y en su relación. No hay nada en las Escrituras que le exija que continúe en la presencia de los que lo maltratan o que continúe asociándose con los que lo han maltratado en el pasado. El Señor tal vez le pida, sin embargo, que permanezca firme en su relación con Él, que siga en la relación en cuestión y continúe hablando de la Palabra del Señor a la persona que lo maltrata.

Creo que cuando ore y le pida a Dios dirección específica, Él se la dará. Hará que su mente y su corazón graviten hacia una solución o curso de acción que le parecerá apropiado. Usted tendrá un claro entendimiento de lo que debe ser y hacer, y también experimentará una profunda paz interior.

Respuesta #2: Ore por el agresor

Sea que su experiencia de maltrato fue en el pasado o es actual, debe empezar a orar por el agresor.

Al hacerlo, pídale al Señor que le dé percepción en cuanto a la causa de la conducta agresiva. Al orar, reconozca que la persona que sufre el maltrato rara vez es la causa. Ah, el agresor puede decirle que la víctima es responsable, pero en verdad él debe ser responsable por sus acciones y por lo que ha causado.

El Señor puede darle una profunda compasión que le hará querer entrar en una oración intercesora por la persona. Puede revelarle incidentes en el pasado del agresor que necesitan emerger a la superficie, de modo que el agresor pueda encararlos y buscar consejo piadoso.

En el caso de mi padrastro, más adelante supe que su padre le había obligado a quedarse en la granja para trabajar en lugar de dejarle ir a la universidad, que era lo que él en realidad quería hacer. De este modo se le privó de llegar a ser el médico que siempre quiso ser. Mi padrastro sin duda sentía profunda ira contra su padre por negarle la carrera que quería. Dejó que su ira se canalizara en maneras inapropiadas. Incluso cuando hubiera podido estudiar medicina más adelante en su vida, dejó que su ira lo consumiera al punto de que tuvo que conformarse con trabajos de ínfima categoría.

Sabiendo esto de mi padrastro, no me hizo cambiar de opinión. Tampoco menguó el aborrecimiento que sentía por el maltrato que nos impuso a mi madre y a mí. Pero me dio una perspectiva respecto a mi padrastro que me permitió sentir una mayor compasión por él.

El Señor tal vez también le dé percepciones de lo que pudiera hacer para ayudar a la persona. Puede revelarle algo que quizás le esté sucediendo en este momento al agresor:

◆ ¿Está el agresor bajo extrema presión o estrés?

◆ ¿Ha atravesado recientemente una tragedia o algún hecho que estremeció su vida?

◆ ¿Ha desarrollado el agresor el hábito de la crítica, al punto que la persona en realidad no se percata de cuán hirientes pueden ser sus palabras?

Hacerse estas preguntas no es asunto de excusar la conducta del agresor, sino de buscar la sabiduría de Dios sobre cómo orar lo mejor posible por la persona y para responder a la misma. Pregúntele al Señor: «¿Cómo puedo responder a esta persona de una manera que sea amante y justa delante de ti?»

A raíz de todo maltrato hay varios factores. Mencionaré dos.

Primero, el que maltrata tiene una intensa intranquilidad, agitación, una herida abierta. Algo anda profundamente mal dentro de la persona que maltrata. Hay herida, duda, preocupación, odio, amargura o cólera sin resolver, y lo más probable es que ha estado así durante largo tiempo.

Sólo Dios con su paz puede calmar la intranquilidad.

Sólo Dios con su amor puede sanar ese odio.

Sólo Dios con su presencia puede lidiar con la duda y la ansiedad.

Sólo Dios con su perdón puede resolver la ira y la amargura.

Ore que la persona llegue a tener una relación personal con el Señor Jesús. Si la persona profesa tener tal relación, ore que el Señor trate con el corazón en el aspecto específico de la lesión o herida, y que Él convenza a la persona del error de maltratar a otros.

Segundo, la persona que maltrata rara vez espera verse confrontado. El poder y el control son sus cuestiones centrales. Los agresores esperan que sus víctimas huyan y se escondan, que giman y se apoquen, que lloren, que se encojan y que permanezcan en silencio. Una de las cosas más beneficiosas que puede hacer por usted mismo como víctima y por el agresor, es enfrentarlo y decirle: «¡Ya basta!»

Si esto quiere decir dejar la casa, déjela.

Si esto quiere decir rehusar oír la andanada de críticas, salga de la habitación.

Si esto significa hacerle frente a la persona, enfréntela.

Por ejemplo, si la persona le critica intensamente, diga: «Escucha, ¿qué tengo yo que en realidad te disgusta hasta los tuétanos? ¿Te das cuenta de que estás constantemente acusándome de algo? ¿Es debido a que algo te carcome? ¿Hay algo que no te gusta de ti mismo que está detrás de la manera en que me criticas?»

Pregunte cosas específicas. Pregunte las razones específicas para el maltrato y qué cambios deben hacerse para continuar en la relación. Insista en que la persona trate con usted y la situación de una manera calmada, racional y directa. No hable con la persona si no cuando ella pueda hablar con usted con calma y en forma racional. Exija que escuche que se siente maltratado y que no va a permitir que esto continúe. Si el agresor es incapaz de entablar una conversación racional con usted, o si le falta el valor, la fuerza o la habilidad comunicativa para insistir en tal encuentro, pida que otra persona o grupo de personas se le unan para obligarlo a tal encuentro.

No hacer nada no es sabio. Recibir el maltrato repetidamente es improductivo y malsano, para usted y para el victimario.

Intervenir en la conducta agresiva de la persona es en realidad un acto de amor por ella. Es decirle: «No quiero verte con una infelicidad tan violenta. Quiero verte vivir de una manera que no la caracterice la conducta agresora constante, sea verbal o física. Quiero verte que llegas a estar completo en Cristo».

Lo más asombroso que puede jamás hacer es entregar al agresor a Dios y decirle al Señor: «Te entrego esta persona. Confío en que tratarás con ella». Dios sabe exactamente cómo tratar con sus enemigos.

Lo más sensato que puede jamás decir a un agresor es esto: «Ya no toleraré más maltrato. Confío en que Dios es mi defensor. Te entrego a Él y confío en que Él tratará contigo».

Respuesta #3: No le eche la culpa a Dios

Algunas víctimas parecen creer que Dios pudiera estar usando el maltrato de otra persona para enseñarles algo, o eliminar algún tipo de pecado en sus vidas. ¡Esa no es la forma en que Dios actúa! Él jamás usa medios diabólicos para un fin justo. El maltrato es contrario a los deseos de Dios. No tiene nada que ver con su voluntad. Él jamás promueve el maltrato ni tampoco lo aprueba.

Al diablo nada le gustaría más que usted y yo le echemos a Dios la culpa del maltrato. Pronto le hará creer que Él ha sido la causa de todo lo malo que ha experimentado. Y poco después, le habrá convencido de que Dios está decidido a perseguirlo en lugar de amarlo, redimirlo y colmarle de bendiciones.

Jesús lo dijo claramente: «El ladrón [el diablo] no viene sino para hurtar y matar y destruir; yo he venido para que tengan vida, y para que la tengan en abundancia» (Juan 10.10).

Si usted le va a echar la culpa a alguien por permitir el maltrato, échesela al diablo, quien no sólo planta las semillas del odio y la amargura en el corazón de las personas, ¡sino que las riega y cultiva regularmente!

Lo más sensato que puede jamás decir a un agresor es esto: «Ya no toleraré más maltrato».

﹡

Respuesta #4: Perdone a su agresor

Tal vez lo más importante que puede hacer, y debe hacer, es perdonar al que lo maltrató.

El perdón es la manera de traer paz a su corazón. Sin importar lo que la otra persona le haya hecho, mediante el perdón usted puede liberarse del impacto del maltrato. Si no perdona, se agotará de continuo por los recuerdos de tal maltrato. Esos recuerdos le drenarán la fuerza emocional y a la larga le dejarán devastado y sin recursos emocionales.

El perdón es imperioso si quiere ser saludable.

Todavía más, el perdón es algo que el Señor nos ordena dar. Y nos ordena hacerlo por causa de nosotros mismos. Él dijo: «Perdonad, y seréis perdonados». Cuando liberamos a otros, ponemos nosotros mismos en libertad a nuestro espíritu para avanzar en la vida que Dios nos ha preparado para que la disfrutemos.

Uno no tiene que tener deseos de perdonar para perdonar. En ninguna parte de la Biblia encontrará que los sentimientos y el perdón están ligados. El perdón es una decisión voluntaria.

Jesús dijo: «Creed en mí». Nuestra voluntad es la que decide creer. Nuestra voluntad es la que decide perdonar.

No tenemos que sentir que algo es cierto para que lo sea, ni para que nuestra voluntad se convenza de que es cierto. Por el mismo principio, nuestros sentimientos pueden a menudo meternos en problemas. Nos sentimos intranquilos, de modo que empezamos a dudar. Nos sentimos preocupados, de modo que empezamos a afanarnos. Nos sentimos mal y concluimos que no estamos perdonados ni que logramos agradar a Dios.

La culpa es un sentimiento.

La duda es un sentimiento.

El afán es un sentimiento.

Aun cuando Dios se preocupa por esas cosas, también nos dice que no debemos permitir que los sentimientos gobiernen nuestra vida. Debemos responder a ellos con nuestra voluntad y ponerlos en línea con lo que dice la Palabra de Dios respecto a nosotros y a nuestra relación con Él.

Incluso si no se siente deseoso de perdonar al que lo ha maltratado, puede decirle a Dios hoy: «Señor, decido perdonar. Decido liberar en mi corazón a esta persona y la entrego en tus manos».

Pregúntese: «¿He perdonado en realidad al que abusó de mí y lo he entregado a Dios?» Si es así, ha cumplido lo que se le exige. No necesita intimar con la persona, ni pretender que nada ha pasado entre ustedes. No necesita ponerse de nuevo en posición para que la persona lo maltrate otra vez.

Respuesta #5: Perdone a quien quizás permitió que le maltrataran

Muy a menudo las personas que sufrieron maltrato de un padre guardan un profundo resentimiento contra el otro padre debido a que perciben que el tal permitió el maltrato. Decida perdonar al padre que usted cree que simplemente se quedó parado y no hizo nada.

Pídale al Señor que le dé compasión por ese otro padre o aquel que lo vio todo y no hizo nada. Esa persona también tal vez haya sido una víctima. Quizás fue incapaz

Decida perdonar al padre que usted cree que simplemente se quedó parado y no hizo nada.

✳

emocional, sicológica o espiritualmente de tomar alguna acción.

Pídale al Señor que le dé una percepción de los motivos de aquel que lo vio todo. Hable con esa persona acerca de lo ocurrido. Al hablar de su herida, sin duda adquirirá valiosas perspectivas que le ayudarán a orar más eficazmente y perdonar con mayor libertad.

Le pregunté a mi madre hace unos pocos años por qué se casó con mi padrastro. Ella replicó: «Pensé que necesitabas un padre». Mi madre cometió un error, pero sus motivos no fueron equivocados. No planeó que me maltratara. No dio su asentimiento a la conducta abusiva de mi padrastro. Sin duda me defendió más de lo que jamás sabré.

De nuevo, saber los motivos de mi madre no cambiaron el maltrato que ambos recibimos, pero sí me ayudó a ver que ella fue víctima dos veces: la maltrataron a ella y a quien intentó ayudar.

Respuesta #6: Escoja la verdad respecto a usted y a su agresor

Una de las más grandes mentiras que con frecuencia la gente maltratada se traga es de que merecen el maltrato que reciben. Nadie merece que lo manipulen ni lesionen, ni que le hagan mil pedazos la autoestima, la identidad o el sentido de valor.

Los padres que continuamente les dicen a sus hijos que no sirven para nada, o que jamás llegarán a nada, son agresores. Si usted le ha dicho a su hijo tal cosa, reconozca lo que le ha hecho y trate de hacer las enmiendas necesarias, sin que importe la edad que pueda tener.

Si oyó eso repetidamente cuando niño, reconozca que lo que sus padres le dijeron no es la verdad de Dios. La verdad de Dios es que usted tiene valor, vale tanto al punto de la muerte de su único Hijo amado, Jesucristo. Usted es su hijo ahora. Usted es coheredero con Cristo Jesús; en otras palabras, Dios le considera tan valioso que está dispuesto a que participe de la plena herencia de Jesús y poner a su alcance todas las riquezas de su Reino eterno.

En casos de repetida crítica paternal, los comentarios llegan a ser un mensaje que la persona vuelve a oír una vez tras otra en su mente. Esos mensajes son como una cinta metida en su casete. Cuando la gente maltratada se halla en una situación de maltrato, a menudo empieza a oírse la grabación de víctima. Oyen todos los viejos mensajes. Por ejemplo: «No podrás hacerlo», «No sirves para nada», «Nunca podrás con ello», «No te lo mereces», «No eres suficientemente bueno», y «Mereces lo que recibes».

Debemos actuar para cambiar los mensajes grabados en el casete de víctima. Primero, debemos decirnos: «¡Eso es mentira!» Necesitamos reconocer las mentiras que nos han dicho y encararlas. Cada vez que nos percatamos que estamos pensando: *No valgo lo suficiente*, necesitamos decir: «¡Detengan la grabación! ¡Eso es mentira!»

Y después que hemos llamado a la mentira por su nombre, debemos poner un nuevo mensaje en el casete: «La verdad del asunto es que todo lo puedo en Cristo que me fortalece! La verdad del asunto es que soy coheredero juntamente con Cristo Jesús de todos los beneficios de Dios. La verdad del asunto es que Cristo en mí tiene el poder, la fuerza y la capacidad. Juntos, triunfaremos en esto».

En mi vida tuve una grabación que me decía las cosas que no podía hacer y que nunca podía llegar a ser. Un día reconocí que la grabación estaba sonando en mi cabeza y allí mismo dije en voz alta: «Eso no es verdad. Quizás en parte fue cierto respecto a Charles Stanley en el pasado, pero ya ha dejado de ser verdad en mi vida. Esta es la verdad...», y procedí a grabar un nuevo mensaje en la cinta.

Respuesta #7: Sea franco con Dios para que sane sus emociones maltratadas

Pídale a Dios que continúe sanándole de modo que aun los recuerdos de la situación o relación de maltrato no le atormenten.

Muchos maltratados continúan sufriendo pesadillas o de un súbito ataque de recuerdos, por años, incluso décadas, después que el maltrato ocurrió. Si usted está experimentando esto, es de vital importancia que desarrolle el hábito de llenar su mente con la Palabra de Dios, especialmente antes de irse a la cama por la noche.

Escuche mensajes, bien sea hablados o musicales, que llenen su mente de la Palabra de Dios y declaraciones del amor de Dios, de su bondad y de su gracia hacia usted. A lo mejor prefiera oír grabaciones de la Biblia o música de alabanza. Tal vez quiera leer la Palabra de Dios en voz alta. Váyase a la cama con su mente enfocada en la Palabra de Dios y en su amor por usted.

Si los recuerdos del maltrato le acosan, lidie con ellos en el nombre de Jesús. Pídale al Señor que quite de su mente esas memorias. Dígale: «Señor, confío en que dirigirás mis pensamientos hacia lo que es bueno, recto y beneficioso para mí». Y entonces halle algo que leer o algo en qué pensar, que sea verdaderamente del Señor.

La Biblia nos dice que se nos ha dado autoridad espiritual para derribar «argumentos y toda altivez que se levanta contra el conocimiento de Dios, y llevando cautivo todo pensamiento a la obediencia a Cristo» (2 Corintios 10.5).

La Biblia también nos dice: «Por lo demás, hermanos, todo lo que es verdadero, todo lo honesto, todo lo justo, todo lo puro, todo lo amable, todo lo que es de buen nombre; si hay virtud alguna, si algo digno de alabanza, en esto pensad» (Filipenses 4.8).

Tan pronto como le venga a la mente un recuerdo de maltrato o rechazo, tenga esos dos versículos presentes. Primero, tiene la autoridad para tomar cautivos esos recuerdos dañinos y decirles: «No procedes de Dios y no tienes cabida en mi mente. Te entrego a Cristo y decido pensar lo que Él ha hecho por mí en lugar de lo que otros me han hecho».

Segundo, tiene la capacidad para pensar en algo distinto. Literalmente cierre su mente a los recuerdos del pasado y oblíguese a pensar en algo que es cierto, noble, justo, puro y amable. Piense en buenos informes, las buenas noticias que ha oído o las buenas experiencias de su vida. Piense en cosas que son dignas de alabanza y que agradan a Dios.

Respuesta #8: Rehúse desquitarse

Estaba sentado a la mesa una noche, cenando con mi madre y mi padrastro. Dije algo, no recuerdo qué, y él me dio una feroz bofetada.

Yo tenía quince años. Durante seis años vi al hombre maltratar físicamente a mi madre, pero antes de aquella noche nunca me había abofeteado. A mí me maltrataba verbal y emocionalmente. Hubo ocasiones en que estuvo a punto de golpearme, pero mamá siempre intervenía, sin duda recibiendo más tarde ella misma el maltrato en mi lugar.

Cuando aquella noche me abofeteó, algo dentro de mí se quebró. Le devolví la bofetada tan fuerte como pude.

Fue un desastre. ¿Por qué? Porque no me devolvió la bofetada. Desde aquel momento supe que estaba en control. Y ningún muchacho de quince años tiene nada que ver con estar en control de ninguna familia. Todo esto se convirtió en un espíritu rebelde.

En ese entonces ya era cristiano. Había aceptado al Señor Jesús como mi Salvador, estaba leyendo la Biblia y tratando de obedecer a Dios. Sin embargo, desarrollé un espíritu rebelde. Simplemente porque alguien no se rebele más contra Dios, no quiere decir que es inmune a rebelarse contra otros seres humanos. Un cristiano puede rebelarse contra otra persona de la misma forma que cualquier inconverso lo hace.

Y la rebelión, si no se resuelve, puede convertirse en un muy pesado equipaje emocional.

La Palabra de Dios no nos concede privilegio ni derecho de tomar la venganza en nuestras propias manos. Es más, nos dice que el privilegio de venganza le pertenece sólo a Dios. Deuteronomio 32.35 claramente afirma de Dios: «Mía es la venganza y la retribución».

No permita que el pecado del agresor contra usted se convierta en raíz de pecado en su vida. Rehúse ventilar sobre el mismo agresor su herida y su cólera. Recuerde el mandamiento del Señor en Romanos 12.21: «No seas vencido de lo malo, sino vence con el bien el mal».

Lo mejor que podemos hacer por nosotros mismos, desde la perspectiva de Dios y para la transformación del agresor, es seguir estas palabras de la Biblia:

Si el que te aborrece tuviere hambre, dale
     de comer pan,
Y si tuviere sed, dale de beber agua;
Porque ascuas amontonarás sobre su cabeza,
Y Jehová te lo pagará
                    (Proverbios 25.21-22).

Un acto de bondad hacia el que lo maltrata le trae recompensa y deja a Dios en libertad para tratar directamente con el agresor.

Respuesta #9: Decida avanzar positivamente

Al salir para la universidad, a los dieciocho años, temía por la seguridad de mi madre. No obstante, sabía que tenía que ir.

Nunca le permita al agresor dictar el curso de su vida, ni prevenirle de hacer lo que usted sabe que el Señor le está guiando a hacer. Parte de seguir adelante en su vida es creer que el ciclo del maltrato en su familia ha quedado roto y se está rompiendo por su cambio de conducta.

Los sicólogos e investigadores de la conducta han descubierto una muy alta correlación entre los que maltratan y los que reciben el maltrato. Como cristianos podemos escoger, sin embargo, modelar nuestras vidas conforme a nuestro Padre celestial, quien nunca maltrata, antes que hacerlo según algún padre terrenal abusivo o alguna otra persona agresora. Podemos decir, como una oración y expresión de la voluntad: «Decido ser una persona amable que da. Te pido, Padre, que me libertes de las cadenas del maltrato que he experimentado en el pasado, y que me transformes en tu semejanza emocional y sicológicamente. Rompe el ciclo del maltrato en mi historia familiar y empieza conmigo. No me permitas llegar a ser un padre agresor. No me permitas tratar a otros a mi alrededor como víctimas de mi hostilidad, cólera o amargura. Hazme más y más como tu Hijo, Jesucristo».

El ciclo del maltrato debe llegar a su fin en Cristo Jesús. Ningún cristiano tiene la opción de decir: «Así soy yo. Me maltrataron cuando niño y por eso hago lo que hago hoy».

La respuesta verdaderamente cristocéntrica es: «Tal vez así fue como sucedió, pero Cristo Jesús me redimió. Estoy en el proceso de transformación a su imagen. Estoy en el proceso de sanidad».

Respuesta # 10: Espere que Dios saque algo bueno de su experiencia

Confíe en que Dios hará que algo bueno se produzca de la situación o experiencia de maltrato que ha soportado. Si lo golpearon físicamente, o apabullaron verbalmente, puede y debe acudir de inmediato a Dios y decirle: «Señor, tú ves que me han herido. Confío en que serás mi defensor y que ejercerás tu venganza en esta situación. Confío en

La respuesta verdaderamente cristocéntrica es: «Tal vez así fue como sucedió, pero Cristo Jesús me redimió».

✳

que me sanarás y me restaurarás. Confío en que harás
justicia en esta situación. Confío en que harás que algo
bueno resulte en mi vida a raíz de eso, que creceré y no me
marchitaré, que seré más fuerte y no más débil, que seré
más como tú y que mi fe no disminuirá».

También busque significado adicional, por verdades
que hay al guardarse en la Palabra de Dios.

Mi madre me dijo una vez que el día en que se casó con
John le prometió a Dios que nunca le dejaría; y no lo hizo.
Incluso al final de la vida de él, cuando estaba ciego y
verdaderamente necesitando el cuidado profesional de un
asilo, estuvo a su lado y le cuidó hasta que murió. Nunca
le oí decir nada malo respecto a John, a pesar del maltrato
que ambos recibimos.

La respuesta de mi madre a John fue un gran ejemplo
para mí de firmeza, fidelidad y determinación. Ella era
como un tanque. Siempre se movía hacia adelante lenta y
con persistencia.

De muchas maneras la respuesta de mi madre a John
es como la respuesta del Señor a los que continuamente
le rechazan y maltratan su nombre, obstaculizan su propósito en la tierra o hablan mal de Él. Dios continúa
acercándose a esas personas con amor. Él no permite que
la naturaleza de ellos cambie la suya. Y en eso está tal vez
la lección más grande que la persona maltratada puede
aprender respecto a sí misma. La lección es esta: Usted es
una persona digna de ser amada.

Si actualmente es víctima de maltrato, permítame ser
el primero en asegurarle que: Dios lo ama. Sus hermanos
en Cristo también le quieren bien. Usted es digno de ser
amado.

No debido a lo que ha hecho.

No debido a lo que le han hecho.

Sino debido a lo que usted es, un hijo de Dios, adoptado por completo en su familia y mereciendo plenamente el amor de sus hermanos en Cristo Jesús.

Recuerde hoy el amor de Dios por usted. Dígase en voz alta: «Soy un hijo de Dios. Él me ama... sí, ¡a mí!» Deje que la verdad de esas palabras penetren profundamente en su alma. Permita que sanen la herida que ha llevado y la vergüenza que quizás ha sentido. Deje que el amor de Dios limpie sus lágrimas y le restaure por completo.

CÁPSULA DE VERDAD

Cuando los recuerdos del maltrato le aplasten o se sienta agredido:

1. Acuda de prisa a Jesús. Sus brazos están plenamente abiertos para usted y siempre le recibe con amor.

2. Haga lo que el Señor le dice con respecto al agresor. Pídale al Señor que le guíe. Pídale que le ayude a orar con sabiduría y compasión por su agresor. Pídale que ayude tanto al victimario como a la persona que lo vio todo y no hizo nada mientras usted recibía el maltrato.

3. Sea receptivo al poder sanador del Señor. Decida ser sanado. Pídale al Señor que le dé la fuerza para confiarle a Él la situación y abandonar sus deseos de venganza.

4. Confíe en que el Señor le llevará a una experiencia mayor de restauración completa y fortaleza espiritual que usted jamás ha conocido.

*M*i exceso de equipaje del maltrato.

_____
_____
_____
_____
_____
_____
_____
_____
_____

*C*ómo puedo aligerar esta carga.

_____
_____
_____
_____
_____
_____
_____
_____
_____

*D*ios es la fuente de mi fortaleza.

INFERIORES

Cuando estaba en sexto grado asistía a una escuela en donde uno tenía que aprobar todas las materias, o tenía que repetir el grado. En lo que debía ser un intento de motivarnos a esforzarnos por aprobar las materias, mi profesora de sexto grado dibujó varias ilustraciones en el pizarrón: un aeroplano, un tren, un barco, un automóvil y luego, un hato de ovejas.

Si uno obtenía una *A* la maestra escribía su nombre con grandes letras bajo el dibujo del aeroplano. Y así sucesivamente, de acuerdo a las calificaciones de *B*, *C* y *D*. Si uno sacaba una *F* en alguna de las seis o siete materias que se enseñaban ese año, ella ponía su nombre con grandes letras en el hato de ovejas.

*L*as acciones de mi maestra reforzaban lo que escuchaba en casa de labios de mi padrastro, quien a cada momento me decía que yo no servía para nada, que no valía nada y que jamás llegaría a ser alguien.◆

Muchos días entraba yo en el aula y miraba al tablero, tan solo para encontrar que el único nombre en el hato de ovejas era Charles Stanley.

Las acciones de mi maestra reforzaban lo que escuchaba en casa de labios de mi padrastro, quien a cada momento me decía que yo no servía para nada, que no valía nada y que jamás llegaría a ser alguien. Trataba arduamente de complacer a mi padrastro, pero sin importar lo que hiciera, jamás era lo bastante bueno como para que lo notara, mucho menos que lo aprobara. Es más, en su opinión, ¡yo no podía hacer absolutamente nada!

Interioricé un mensaje que se convirtió en equipaje emocional en mi vida: «No vales gran cosa y no perteneces al resto de los miembros de tu clase. No eres tan bueno como los que te rodean».

Varios otros factores se añadieron a ese mensaje y se convirtieron a plenitud en un genuino complejo de inferioridad.

Uno de aquellos factores fue que comencé la escuela un año antes que mis compañeros, de modo que siempre era el menor de mi clase y, por consiguiente, tendía a ser el más pequeño y flaco. Muchas veces eso hacía que me hostigaran o me echaran a un lado.

Otro factor fue que mi madre me obligó a usar pantalones cortos incluso hasta cuando asistía a la escuela secundaria básica y entonces usaba pantalones bombachos y medias largas. ¡Nadie más vestía bombachas!

Otro factor fue que entre los muchos lugares en que vivimos mientras crecía, varias veces lo hicimos en apartamentos ubicados en sótanos. Desde la perspectiva de un niño, cualquiera que vivía más arriba parecía ser más importante. Crecí sintiéndome intimidado por cualquiera que parecía tener una mejor posición en la comunidad.

Esos factores por sí solos, por supuesto, no hubieran sido suficientes para hacerme sentir inferior, si hubiera estado recibiendo una cantidad igual de estímulo y ánimo de otras fuentes. Desafortunadamente, cualquier fuente de estímulo positivo a mi autoestima era rara y escasa.

Sólo recuerdo a dos personas en mi vida, aparte de mi

mamá, que expresaron alguna señal de aprobación hacia mí durante esos años de crecimiento.

Una fue mi maestra de escuela llamada Sra. Ferrell. Era una mujer alta, de cabello negro. Una tarde, cuando salía de su aula, le oí decir a otro maestro: «Me gusta Charles». Eso es todo lo que recuerdo haberle oído decir. Sin duda había hablado de mí y mis limitaciones, pero resulta que yo alcancé a oír en el momento en que hacía un comentario positivo acerca de mí. Todavía resuena en mis oídos. Estas tres simples palabras: «Me gusta Charles», significaron mucho para mí.

La otra persona que me mostró aprobación fue un maestro de Escuela Dominical durante mi niñez, cuando asistía a la Iglesia Pentecostal de la Santidad. Se llamaba Craig Stowe. Incluso después de que me uní a la Iglesia Bautista en mi adolescencia y ya no era él mi maestro de Escuela Dominical, Craig me detenía en la calle y me compraba un periódico.

Recuerdo todavía que detenía su automóvil junto a la acera y me decía mientras pagaba por su periódico: «Charles, quiero que sepas que he estado pensando en ti y he orado por ti con frecuencia». No me llevó mucho tiempo percatarme de que Craig Stowe no necesitaba comprarme el periódico. Un muchacho se lo entregaba en su casa. Sin embargo, él se interesaba en mí lo suficiente como para detenerse en el camino a su casa y darme una palabra de aliento. Es más, siempre me daba más de lo que costaba el periódico y me decía que guardara el cambio. Fue el único hombre mientras crecía que me dio el mensaje: «Te quiero, me intereso por ti y pienso en ti».

Esas dos voces sobresalen como faros en un desierto de desaprobación y afirmaciones derogatorias que oía a menudo y que siempre hallaron la manera de adentrarse hasta la médula de mi ser. Estas crearon una baja autoestima y sentimientos de incapacidad, una forma seria de esclavitud y en verdad un muy pesado equipaje emocional.

Muchas personas arrastran ese equipaje hoy. Lo expresan en miríadas de maneras. Por ejemplo:

«Jamás nadie me quiso».

«Cualquier éxito que logro hoy es por lo que he hecho, no debido a algo que mis padres hayan hecho».

«Papá siempre me dijo que yo mismo me pusiera las botas y escalara la montaña, igual que lo hizo él. ¡No creo que se daba cuenta que a él le tocaba la responsabilidad de darme las botas de la vida!»

«No sé por qué es tan difícil para mi madre darme una pequeña palabra de encomio. Cada vez que decía: "Eso estuvo bien", era como si se atragantara con sus palabras. Quizás decía: "Bien hecho", pero sus acciones y la manera en que lo decía indicaba que me mentía».

Ningún niño pide crecer sin un sentido de valía propia. Ningún niño nace con baja autoestima. Los niños que tienen complejo de inferioridad lo adquieren de alguna otra parte y de alguna otra persona. Por lo general, en su propio hogar.

Ningún niño pide crecer sin un sentido de valía propia. Ningún niño nace con baja autoestima. Los niños que tienen complejo de inferioridad lo adquieren de alguna otra parte y de alguna otra persona. Por lo general, en su propio hogar.

Si usted es un padre que lee esto, reconozca que usted y su cónyuge son el número uno a los ojos de sus hijos. Sus opiniones cuentan más que las de cualquier otra persona. Lo que les dice a sus hijos respecto a ellos mismos tiene gran impacto en cómo se verán hasta la edad adulta y, algunas veces, para toda la vida.

Los padres le prestan un mal servicio a sus hijos al permitirles determinar lo que les gusta o no basándose en la opinión de los compañeros o en las campañas de propaganda nacionales, sin algún tipo de intervención paternal. El daño es triple:

1. Los hijos se meten en deudas por cosas que no necesitan pero que quieren debido a que se les ha dicho que deben quererlas.
2. Los hijos basan su conducta en las opiniones de otros, en lugar de basarlas en la opinión de Dios.
3. Los hijos empiezan a descansar en las cosas para hallar satisfacción, en lugar de apoyarse en una relación con Dios que es lo único que puede realmente satisfacer sus anhelos más profundos.

Reconozca que como padre es responsable de decirles a sus hijos cómo interpretar los mensajes que reciben de otros, incluyendo los de los medios de difusión. Inyecte su opinión, sus ideas y sus palabras de estímulo. Edifique a su hijo de modo que pueda resistir las presiones de compañeros y culturales a ajustarse con normas distintas a las de la Palabra de Dios. Sus palabras tendrán largo alcance para ayudar a sus hijos a diferenciar entre la novelería de este mundo y la ayuda de la Palabra de Dios.

¿CUÁL OPINIÓN EN REALIDAD CUENTA?

Muchas personas proceden de trasfondos en los cuales se les enseñó, sutilmente o en forma muy directa, que jamás llegarían a ser nada, que no valen nada y que jamás serán aceptados a plenitud. Mire a su alrededor cualquier día y encontrará personas que piensan que no se visten lo bastante bien, que no pueden hablar lo suficiente bien, pensar con la necesaria rapidez, tener una apariencia bastante buena, o hacer las cosas lo bastante bien como para ser en realidad de valor.

Este sentimiento de incapacidad es sólo eso, un sentimiento, una sensación. Y la Biblia nos dice que no debemos basar nuestras opiniones en los sentimientos, sino en la realidad de la Palabra de Dios. Cuando nos permitimos sentirnos incapaces, negamos lo que Dios mismo dice respecto a nosotros.

Por otro lado, cuando retiramos nuestro enfoque de lo que pensamos, o de lo que otros piensan respecto a nosotros y fijamos los ojos en lo que Dios dice que somos y en lo que Él piensa de nosotros, la autoestima automáticamente empieza a aumentar.

Dios basa nuestra valía no en lo que tenemos, sino en quien tenemos, Jesucristo como nuestro Salvador personal y el Espíritu Santo como nuestro Consolador y Consejero siempre presentes.

Dios basa nuestra valía no en nuestros desempeños o logros, sino en si hemos recibido su don gratuito de gracia y perdón.

Dios basa nuestra valía no en lo que sabemos ni en el lugar en que vivimos ni en nuestra apariencia, sino en si conocemos, seguimos y confiamos en Jesucristo como nuestro Señor.

Nuestra sociedad continuamente nos bombardea con mensajes de que necesitamos vestir cierto tipo de pantalones, manejar cierto tipo de automóvil o usar cierta marca de pasta dental y enjuague bucal para que la sociedad nos acepte como miembros.

Dios dice que lo único que necesitamos es recibir su amor y aceptar lo que Él ha hecho por nosotros para que seamos plenamente aceptos en su Reino eterno.

Ahora bien, ¿de quiénes son los mensajes que recibe en su vida? ¿En qué opiniones basa su evaluación propia de valor? ¿En las opiniones del mundo, que son superficiales, casi siempre equivocadas, destructivas y derogatorias más que beneficiosas? ¿O basa su valía propia en la opinión de Dios la cual es eterna y siempre beneficiosa?

¿Ha basado su vida en la opinión o en las palabras de su padre o madre terrenales? ¿O está basando su identidad en la opinión y la Palabra de su Padre celestial?

Permítame hacerle partícipe de un versículo bíblico muy significativo. El apóstol Pablo escribió a los creyentes en Éfeso: «Porque somos hechura suya, creados en Cristo Jesús para buenas obras, las cuales Dios preparó de antemano para que anduviésemos en ellas» (Efesios 2.10). Tal vez ningún otro versículo en la Biblia dice tan sucinta y claramente que Dios lo ve a usted como una persona preciosa, alguien extremadamente importante para Él.

Note varias cosas en ese versículo. Primero, usted es hechura de Dios. La palabra original en el griego en que fue escrito el versículo significa literalmente: «una persona de excelencia notable». Usted tal vez diga: «Pues bien, yo no parezco excelente», o «No hago cosas excelentes», o «No soy excelente en nada». ¡Eso no es lo que Dios dice! Le llama una persona de excelencia notable debido a *que Él lo hizo*. Usted necesita verse como Dios lo ve: un ejemplo destacado de su creación.

Segundo, Dios lo hizo *en Cristo Jesús*. Dios le amó tanto que dio a su Hijo unigénito, Jesucristo, para que muriera en una cruz de modo que cuando usted creyera en Él, tuviera vida eterna.

El amor de Dios por usted nunca puede ser más grande. Jamás puede disminuir. Jamás puede ser más extenso. Siempre es el mismo: ¡infinito!

Su hechura en Cristo Jesús es en realidad una re-creación. Como Pablo escribió en otro lugar: «De modo que si alguno está en Cristo, nueva criatura es; las cosas viejas pasaron; he aquí todas son hechas nuevas» (2 Corintios 5.17).

Ser una nueva creación en Cristo Jesús significa, en parte, abandonar la vieja creación, especialmente los mensajes pasados respecto a pecados, incapacidad e inferioridad.

No fue sino cuando llegué a ser adulto que me di cuenta de que admiraba a ciertas personas por razones equivocadas. No las admiraba por lo que eran en el Señor. Más bien, me sentía intimidado por lo que eran en la comunidad, comparadas a lo que yo era. Una vez más reconocí que había permitido que una grabación asquerosa rodara por mi mente, un mensaje que parecía que colocaba en la casetera de mi alma cada vez que me topaba con alguien que había alcanzado algún grado de éxito.

Cuando me percaté de lo que hacía, ¡decidí borrar la cinta! En su lugar puse un nuevo mensaje: «Soy una nueva criatura, un hijo de Dios. Soy alguien en Cristo. ¡Vivo en el piso más alto de las mansiones de Dios y disfruto de la compañía de ángeles y santos!

Al reconocer que usted es una nueva criatura en Cristo Jesús, también debe encarar el hecho de que Cristo es el que hace la re-creación. Usted no la hace. Es obra de Él.

El verdadero contentamiento consigo mismo significa que ya no se esfuerza por ser alguien que usted no fue creado para ser, por ejemplo, tener cierta apariencia que no se supone que deba tener, o hacer algo para lo cual no se siente inclinado, simplemente por causa de lograr aceptación de parte de otros. El verdadero contentamiento se eleva por sobre los programas de automejoramiento. A fin de cuentas, Dios tiene el mejor plan de mejoramiento propio. Encaja totalmente con su identidad. El suyo es el único plan que lo re-crea de una manera positiva, eternamente duradera, benéfica por completo y ¡sin ningún efecto dañino!

Si hoy sufre de sentimientos de inferioridad, dígale al Señor: «Señor, cualquiera que sea el potencial que tenga, confío en que tú lo llevarás a su plenitud. Solo tú sabes todo lo que soy capaz de hacer. Sólo tú sabes cómo liberar mi potencial y convertirlo en realidad. Sólo tú conoces las circunstancias, los desafíos, las oportunidades y los encuentros que harán falta para que mi potencial se cumpla. Confío en que traerás esas cosas a mi vida. Haré lo que quieras que me muestres que haga. Trabajaré arduamente en cualquier trabajo que me des. Pero en cuanto a hoy, ceso de tratar de perfeccionarme por mí mismo. Abandono mis esfuerzos por perfección según mis fuerzas».

Tercero, el Señor le ha creado a usted para *buenas obras* y Él es el que lo capacita para hacerlas. El Señor ya ha planeado cuáles deben ser esas buenas obras. En otras palabras, Dios tenía un propósito en mente para usted

Dios tenía un propósito en mente para usted incluso antes de nacer. Tenía un papel para que lo desempeñara.

incluso antes de nacer. Tenía un papel para que lo desempeñara, un nicho para que lo ocupara y un lugar para que viviera como si fuera suyo en esta tierra.

Si alguna vez capta un destello de cuánto lo ama Dios, cuánto desea estar con usted y las buenas cosas que ha preparado para usted, se hallará con una confianza y una seguridad interna que no tiene comparación. No le importará si otra persona le falla ni si se aleja de usted, ¡porque sabe sin sombra de duda que Dios le ama! Es maravilloso, por supuesto, si le agrada a la otra persona y le corresponde, pero incluso si no lo hace, todavía puede tener la seguridad del amor de Dios divino e inmutable.

Muchas personas que se sienten inferiores tienen dificultad para aceptar expresiones de aprobación de parte de otros. Cuando oyen alguna alabanza empiezan a pensar que no merecen la atención o la amistad de quienes los alaban; explican en detalles las maneras en que no han logrado alcanzar la medida, no reúnen las cualidades, no pueden llegar a ciertas expectaciones, ni llenan ciertos requisitos. La aprobación de Dios no se basa en lo que hacen ni logran, sino en su relación con Él. Una vez que las personas empiezan a aceptar la aprobación de Dios, a menudo encuentran que pueden aceptar de mejor grado los elogios y las alabanzas de otros.

Por sobre todo necesita recordarse constantemente lo que Dios dice que es usted y de lo que Él piensa de usted. Su autoestima debe basarse en la opinión de Dios, no en la de alguien más, ni tan siquiera en la suya propia. Su autoestima debe basarse en lo que Dios piensa. ¡Y Dios piensa que usted es fantástico!

CÓMO ADQUIRIR UNA PERSPECTIVA DIVINA SOBRE LA PERFECCIÓN

Una persona que sufre de un complejo de inferioridad tiende a responder a la vida de varias maneras:

◆ Puede a cada momento ridiculizar a otros, intentando rebajarlos a su nivel.

◆ Puede constantemente rebajarse a sí misma en presencia de otros, o involucrarse en conductas derogatorias de sí misma, incluso al punto de dejar de preocuparse por su apariencia, participar en actividades inmorales o dejar de cumplir sus responsabilidades más básicas.

◆ Puede buscar con vehemencia la aprobación de sus colegas al punto de disponerse a participar en actividades ilegales o inmorales.

◆ Puede esforzarse por lograr perfección intentando compensar por lo que percibe como fracasos anteriores.

Las primeras tres respuestas son relativamente obvias y casi siempre se remedian cuando la persona reconoce sus acciones.

La última respuesta, esforzarse por lograr perfección, es mucho más difícil que alguien que sufre de un complejo de inferioridad la reconozca. Tal persona con menos probabilidad evaluará las capacidades y atributos de forma realista. Sintiéndose que no es digno de nada e incapaz de ninguna otra cosa que no sea el fracaso, el perfeccionista trata de tener éxito a toda costa. Las esperanzas de tal persona, así como lo que entiende por perfección, por lo general están mal definidas.

La verdad es que nadie puede vivir de acuerdo a la perfección de Dios.

Nadie puede hacer siempre lo que es correcto.

Nadie puede vivir una vida totalmente libre de pecado.

Nadie puede escapar a toda tentación.

La Palabra de Dios describe con claridad la condición humana cuando dice: «Por cuanto todos pecaron, y están destituidos de la gloria de Dios» (Romanos 3.23).

Vivimos en cuerpos físicos que operan mediante sentidos físicos. Como personas de carne y hueso viviendo en un mundo caído, siempre vamos a tener tentaciones y conflictos.

Ese hecho es tan desalentador para algunas personas que optan por nunca tratar de alinear sus vidas con la Palabra de Dios. Se rinden a las circunstancias, a la cultura, a las tentaciones del diablo para pecar. Desobedecen a Dios. No experimentan ninguna paz, ni cumplimiento, ni sentido de la presencia de Dios ni poder en sus vidas. Y en el análisis final, andan toda su vida sintiéndose incapaces.

La buena nueva es que no necesitamos vivir con un espíritu de ineptitud. ¡Dios dice que en Cristo Jesús somos capaces! Su identidad nos cubre y al aceptar a Jesús como nuestro Salvador personal y Señor, tomamos su imagen, de modo que cuando el Padre nos mira, ya no ve más nuestra debilidad, nuestras faltas y fragilidades. En lugar de eso ve a la persona de Jesús. Ve su fuerza, su perfección y su bondad sin compromisos.

En la cruz Jesús hizo toda la provisión necesaria para lidiar con la culpa y el pecado. Cuando acepta su sacrificio en la cruz como uno hecho por usted, esas cosas desaparecen de su vida.

¿Cuál es la alternativa a estar con Cristo? Es desesperanza y profundo desaliento en todas partes.

DIOS NO ESPERA QUE USTED SIEMPRE LO HAGA BIEN

Al aceptar a Jesucristo y al canjear nuestra ineptitud por su aptitud, nacemos de nuevo, como dicen las Escrituras. Tenemos la oportunidad de empezar de nuevo con una hoja limpia. Y así como un bebé recién nacido tiene que aprender ciertas habilidades para la vida, nosotros tenemos que aprender cómo hacer ciertas cosas en el ámbito espiritual.

La misma idea de que Dios nos llama hijos me indica que Él sabe que tenemos mucho que aprender, y que a veces en el proceso de aprendizaje vamos a caer, lastimarnos y arañarnos las rodillas. Sabe que no vamos a ser cristianos perfectos y que vamos a tropezar, caer y fallar. ¡Su gracia es suficiente para eso!

En 1 Juan 2.1 leemos: «Hijitos míos, estas cosas os escribo para que no pequéis»; pero el versículo prosigue diciendo: «y si alguno hubiere pecado, abogado tenemos para con el Padre, a Jesucristo el justo». Es como si Dios nos dijera: «Hijitos, no quiero que pequen. Les he dado mi Palabra para que puedan crecer y eviten pecar. Pero si lo hacen, he hecho también provisión para eso».

No podemos ser perfectos ni jamás lo seremos, pero podemos disfrutar de la perfección de Cristo Jesús. Podemos aceptar su bondad amorosa. Podemos reconocer que Él no espera que seamos perfectos, sino que espera que continuemos creciendo en Él, que permanezcamos en relación con Él y que continuemos confiando en Él día tras día. Dice que si lo hacemos, Él obrará su perfección en nosotros. No tenemos que luchar para hacerlo, esforzarnos por hacerlo ni agotarnos tratando de hacerlo. Él hace la obra. ¡Nos da la perfección en su tiempo, usando sus métodos y todo para sus propósitos!

Nadie puede ser siempre el mejor. Nadie es siempre el primero en todo. Nadie lo hace siempre bien la primera vez. Es física y emocionalmente imposible que un lanzador lance *strikes* todo el tiempo, que un pianista toque todas las notas correctas en cada concierto, ni que el agente de policía haga los juicios correctos en cada arresto.

Si usted procura ser perfecto, no sólo trata de hacer algo imposible, sino que se dice a usted y a Dios: «No estoy satisfecho con la manera en que he sido hecho. He sido hecho con la capacidad y habilidad para fallar. Tengo faltas. Tengo debilidades. No soy perfecto. Y eso no me gusta».

Siempre que las personas mantengan tal posición, serán miserables. Y también se colocan fuera del alcance de Dios para ayudarles.

El apóstol Pablo escribió que el Señor le dijo una vez esto: «Bástate mi gracia; porque mi poder se perfecciona en la debilidad» (2 Corintios 12.9). En otras palabras, las debilidades humanas de Pablo eran las oportunidades para que Dios revelara su poder.

Es en nuestros momentos de fracaso que tenemos la capacidad de crecer más. Es cuando sabemos que hemos hecho algo mal que vemos con más claridad lo que es bueno hacer. Es cuando nos hemos quedado cortos que nos colocamos en posición de confiar en Dios para que supla nuestra carencia. Es cuando no podemos triunfar con nuestra capacidad que estamos en posición de descansar en el Señor.

Esto no es decir que vamos a fracasar a propósito ni que debamos volvernos flojos u ociosos. Se trata de decir que debemos encarar nuestros impulsos internos para triunfar, ganar, ser perfectos. Debemos reconocer que a menos que confiemos en Dios para alcanzar el éxito, tanto para definirlo como para ayudarnos a lograrlo, jamás seremos en realidad triunfadores.

DIOS NO ESPERA QUE USTED LOGRE SU PROPIA DEFINICIÓN DE POTENCIAL

Un día vi a una joven de cara larga y le pregunté:

—¿Cuál es el problema.

—Pues bien —dijo ella—, no me fue muy bien en el examen que acabo de realizar.

—¡Ah!

—Así es —dijo ella—. Obtuve sólo una B. Eso no es suficiente.

—¿Por qué no es suficiente?

—Porque debí haber sacado una A.

—¿Por qué?

—Porque siempre trato de hacer todo lo mejor que puedo.

—¿Estudiaste? —le pregunté—. ¿Te preparaste de la mejor forma que podías?

—Sí.

—Entonces, ¿no fue la B un reflejo de tu mejor esfuerzo en este examen en particular?

—Sí, pero no es suficiente. Tengo que estudiar más para obtener una A.

Ahora bien, no denigro el deseo de una persona de aprender la materia lo mejor que le sea posible para obtener la mejor calificación en el examen, pero la joven luchaba con un problema profundo de perfeccionismo.

Una persona que piensa que siempre debe hacer lo mejor, tener lo mejor, llegar a la parte más alta y poseer lo mejor, tiene una noción confusa de alcanzar su potencial con algo nada saludable e inalcanzable. Por lo general, tal persona se siente responsable por definir su potencial de acuerdo a lo que según sus fuerzas es posible, dadas las circunstancias ideales y abundante talento. Esto se convierte en la norma; esto, y sólo esto, es lo aceptable.

Dios no califica según la curva. Él no nos compara con otros. Tampoco nos juzga de acuerdo a una escala descendente de rectitud o justicia.

✳

Cada persona tiene potencial. El problema con el potencial es que nadie puede verdaderamente definirlo para sí mismo ni para otra persona. Sólo Dios lo conoce a plenitud y puede exhaustiva y precisamente definir el potencial de una persona. Aún más, sólo Dios puede ayudar a una persona a alcanzar su potencial. Nadie puede lograrlo por sí mismo.

Por consiguiente, necesitamos dejar de esforzarnos por hacer lo que somos incapaces de hacer y empezar a confiar en Dios para que haga lo que sólo Él puede hacer.

DIOS NO CALIFICA SEGÚN LA CURVA

Muchas personas se autocomparan con otras y terminan diciendo: «No peco como aquel fulano», o «Al menos soy tan buena como ella».

Dios no califica según la curva. Él no nos compara con otros. Tampoco nos juzga de acuerdo a una escala descendente de rectitud o justicia.

Los cristianos con frecuencia me dicen, y les dicen a otros pastores y asesores, cosas tales como estas:

«Sé que no estoy orando tanto como debiera».

«Sé que no estoy dando lo suficiente».

«Sé que no estoy leyendo mi Biblia tanto como debiera».

El comentario que les hago es: «¿Cuánto es suficiente?» La gente necesita orar, dar y leer la Biblia tanto como pueden y luego confiar en Dios en cuanto a que lo hecho es suficiente en sus manos. Si Dios desea que ore más, que dé más o que lea más, Él le dirigirá a orar respecto a cosas específicas, o a dar una cantidad determinada, o a leer un pasaje en particular, o a estudiar un tema específico. Dios no le dice: «Haz más». Lo que le dice es: «Haz esto. Haz aquello. Haz lo de más allá». Dios trata con nosotros de forma específica, no en generalidades.

Si Dios le ha llamado a que haga cierta actividad y usted no la hace, debe poner manos a la obra y obedecerle.

Sin embargo, si lo que tiene sólo es un sentimiento de ineptitud y de culpa por no ser perfecto o por no lograr algo para Dios, necesita reevaluar o pensar de nuevo en su posición.

Dios no le pide que actúe por Él. No le pide que haga un esfuerzo mayor. Dios jamás le habla desde los cielos diciéndole: «No estás haciendo lo suficiente por mí».

Las instrucciones de Dios siempre son muy específicas. Él le dirá: «Quiero que enseñes en esta clase de Escuela Dominical», o «Quiero que le recuerdes a esa persona mi promesa en mi Palabra», o «Quiero que des esta cantidad para este proyecto». Dios nos habla respecto a lo que quiere que hagamos *en el tiempo presente* de nuestras vidas.

Cuando nos acomete un sentido aplastante de que debe-ríamos hacer esto, o aquello, o lo otro, experimentamos culpa falsa. No es de Dios. Es algo que nos autoexigimos o algo que otros nos han enseñado que se requiere que hagamos.

¿QUÉ HACER PARA SOBREPONERSE A LOS SENTIMIENTOS DE INFERIORIDAD?

La Palabra de Dios ofrece cinco pautas para triunfar sobre los sentimientos de inferioridad profundamente arraigados.

Pauta #1: Alabe a Dios por sus dones, talentos y habilidades

Haga una lista de todas las cosas que puede hacer bien, que disfruta haciendo o que ha tenido éxito al hacerlas. Si tiene un nivel muy bajo de autoestima, quizás sea capaz de encontrar apenas una o dos cosas. Sin embargo, oblí-guese a escribirlas.

No pase por alto las cosas simples que tal vez dé por sentado que todo el mundo puede hacerlas.

Si tiene una gran sonrisa, anótelo.

Si sabe cómo narrar bien una historia, escríbalo.

Si es buen cocinero anótelo.

Reconozca que todos sus dones, talentos y habilidades proceden del Señor. La Biblia nos dice que Él es el «autor y consumador de nuestra fe» (Hebreos 12.2). También dice que: «Toda buena dádiva y todo don perfecto des-ciende de lo alto, del Padre de las luces, en el cual no hay mudanza, ni sombra de variación» (Santiago 1.17).

Eche un vistazo al crecimiento espiritual que ha logrado en su vida. Ese crecimiento es obra del Señor en su vida. Es Él manifestando su naturaleza en usted. Cualquier don que el Espíritu Santo le haya dado, ¡es digno de mención!

No se sienta abochornado si su lista crece y crece y crece. Esta es su lista. Es un registro de la obra del Señor en su vida. Es un informe de alabanza de la gracia de Dios manifestada a usted.

Conforme hace la lista de sus dones, talentos y habilidades, y conforme alaba al Señor por ellos, se verá cómo va sanando de sus sentimientos de inferioridad. Estos caerán como pesos indeseables. En lugar de verse como un fracaso, empezará a verse como la obra de Dios en progreso, una pieza maestra de su creación.

Pauta #2: Agradezca a Dios su poder transformador

Agradezca a Dios por lo que hay en su vida que sólo Él puede hacer.

Agradézcale que Él es su Alfarero. Lea la Palabra del Señor al profeta Jeremías y tómela como palabra del Señor para su vida hoy:

> Palabra de Jehová que vino a Jeremías, diciendo: Levántate y vete a casa del alfarero, y allí te haré oír mis palabras. Y descendí a casa del alfarero, y he aquí que él trabajaba sobre la rueda. Y la vasija de barro que él hacía se echó a perder en su mano; y volvió y la hizo otra vasija, según le pareció mejor hacerla. Entonces vino a mí

Déle gracias hoy a Dios por el poder transformador del Espíritu Santo en su vida.

✳

palabra de Jehová, diciendo: ¿No podré yo hacer de vosotros como este alfarero, oh casa de Israel? dice Jehová. He aquí que como el barro en la mano del alfarero, así sois vosotros en mi mano, oh casa de Israel (Jeremías 18.1-6).

Déle gracias hoy a Dios por el poder transformador del Espíritu Santo en su vida.

Agradezca a Dios por podarlo, regarlo con su Palabra y hacerle llevar el fruto del Espíritu: «amor, gozo, paz, paciencia, benignidad, bondad, fe, mansedumbre, templanza» (Gálatas 5.22-23).

Deje que sus sentimientos de incapacidad le lleven a Dios. En Él hallará usted su capacidad.

Pauta #3: Obedezca la dirección de Dios

Esté dispuesto a ir a dónde el Señor le indica que vaya. Esté dispuesto a hacer lo que le pide que haga.

Él no le guiará al fracaso; más bien, le guiará al éxito; de nuevo, según el Señor define el éxito.

Él le hará seguir sendas de justicia y ser victorioso sobre el enemigo de su alma.

Él le guiará en las batallas espirituales sobre el enemigo y le capacitará para ganarlas.

Él le hará crecer «en la gracia y en el conocimiento de nuestro Señor y Salvador Jesucristo» (2 Pedro 3.18) y le transformará a la imagen del Señor «de gloria en gloria» (2 Corintios 3.18).

Decida seguir la dirección del Señor en su vida. Él le guiará hacia sí mismo y hacia lo que es mejor y el más alto

bien para usted. Recuerde las palabras sanadoras y recon-
fortantes del Salmos 23:

> Jehová es mi pastor; nada me faltará.
> En lugares de delicados pastos me hará
>   descansar;
> Junto a aguas de reposo me pastoreará.
> Confortará mi alma;
> Me guiará por sendas de justicia por amor de su
>   nombre.
> Aunque ande en valle de sombra de muerte,
> No temeré mal alguno, porque tú estarás
>   conmigo;
> Tu vara y tu cayado me infundirán aliento.
> Aderezas mesa delante de mí en presencia de mis
>   angustiadores;
> Unges mi cabeza con aceite; mi copa está
>   rebosando.
> Ciertamente el bien y la misericordia me seguirán
>   todos los días de mi vida,
> Y en la casa de Jehová moraré por largos días.

Pauta #4: Decida convertirse en un intercesor

Sin que importe lo que piense que puede o no hacer,
hay algo que siempre podrá hacer. Usted puede orar y
llegar a ser un manantial de alabanza en esta tierra y para
el Señor. Al entrar Jesús en la ciudad de Jerusalén el día
que hemos llegado a llamar el Domingo de Ramos, un
grupo de fariseos le exigió que reprendiera a los que le
llamaban Mesías, «el rey que viene en el nombre del

Señor». Jesús les replicó: «Os digo que si éstos callaran, las piedras clamarían» (Lucas 19.40).

A lo mejor piensa que no puede hacer nada, o que no sirve para nada, pero déjeme asegurarle esto: Usted puede alabar al Señor mejor que una piedra.

También puede llegar a ser un intercesor en oración.

En la universidad sentí que había muchas cosas que no podía hacer o que era incapaz de aprender, pero siempre sentí que podía aprender a orar, de modo que esto fue lo que me propuse hacer. Oraba con frecuencia: «Dios mío, enséñame cómo orar». Esa es una buena oración para cualquiera de nosotros, sin importar cuán capaces o incapaces pensemos ser en la oración.

Dios responde a nuestros deseos de orar con un entendimiento incrementado de cómo orar con más eficacia. Escuche lo que dice Santiago al respecto:

> La oración eficaz del justo puede mucho. Elías era hombre sujeto a pasiones semejantes a las nuestras, y oró fervientemente para que no lloviese, y no llovió sobre la tierra por tres años y seis meses. Y otra vez oró, y el cielo dio lluvia, y la tierra produjo su fruto (Santiago 5.16-18).

Tal vez no ha pensado que se encuentra en el mismo equipo del profeta Elías, pero Santiago nos recuerda que él empezó con una naturaleza semejante a la nuestra y que el poder en la vida de Elías lo produjo la oración.

Pídale al Señor que le guíe en su vida de oración, que le dé poder, que le haga un guerrero eficiente en la oración.

Si esa es su única identidad en esta tierra, si eso es lo único que usted verdaderamente triunfa al hacer, ¡habrá logrado mucho más de lo que jamás se puede imaginar!

Pauta #5: Conviértase en uno que anima a otros

Finalmente, usted puede elegir convertirse en alguien que anima a otros.

Puede elogiar las buenas obras de los demás.

Puede convertirse en un constructor, alguien que edifica a otros y los estimula en su andar en la fe.

En la universidad me convertí en uno que alentaba a mis compañeros. Confiaba en realidad en lo que creía y aun cuando asistí a una universidad llamada cristiana, la mayor parte del tiempo sentía como que necesitaba defender mi fe y ser paladín de la causa de Cristo. Mirando en retrospectiva, me percato que no sabía tanto como pensaba que creía, pero que al mismo tiempo era muy intrépido en mis creencias. No me andaba con rodeos. Y los estudiantes siempre se me acercaban para preguntarme lo que pensaba respecto a ciertas cosas, o a pedirme que orara con ellos.

Con frecuencia oraba por los que se burlaban de mí por orar y creer. Mi oración era muy específica: «Dios mío, permite que algo les suceda de modo que necesiten que ore por ellos y así pueda hablarles de ti».

Al estimular a otros, orar por ellos y guiarles a percibir la Palabra de Dios, crecerá en confianza y valor propio. Descubrirá que en realidad tiene algo para dar, tiene la Palabra de Dios y su Espíritu residiendo en usted y fluyendo libremente a otros por medio de usted. El profeta Jeremías escribió sobre los hijos de Dios que aun cuando eran vasos de barro, eran valiosos como si fueran de oro (véase Lamentaciones 4.2). Usted, también, es un vaso que Dios desea usar. Él está buscando continuamente derramar de sí mismo a otros por medio de usted. Abra su boca y su corazón y empiece a estimular a la gente que el Señor hace que se cruce en su camino.

AGRADABLE A LA VISTA DE DIOS

Cuando comprende que es un hijo de Dios y adoptado en su familia, sabe que es agradable a sus ojos.

El apóstol Pablo escribió a los Romanos:

Así que, hermanos, os ruego por las misericordias de Dios, que presentéis vuestros cuerpos en sacrificio vivo, santo, agradable a Dios, que es vuestro culto racional. No os conforméis a este siglo, sino transformaos por medio de la renovación de vuestro entendimiento, para que comprobéis cuál sea la buena voluntad de Dios, agradable y perfecta (Romanos 12.1-2).

El Señor no nos pide que seamos perfectos. Pero sí nos llama a seguir su voluntad perfecta.

El Señor no nos pide que triunfemos a los ojos de otros. Lo que nos pide es que procuremos llevar la vida que le es aceptable a Él, una vida, no de logro, sino de sacrificio, de dar y completa y absoluta confianza en el Señor Jesucristo.

Jesús jamás dijo: «Haz lo mejor que puedas». Él dijo: «Sígueme».

CÁPSULA DE VERDAD

Cuando se sienta inferior:

1. Busque lo que el Señor dice que usted es. Haga de su opinión la única que realmente cuenta.

2. Alabe al Señor por la obra que Él hace en su vida, por las capacidades, talentos y dones que le ha dado y por usarlo como su instrumento en esta tierra.

3. Obedezca la dirección del Señor y siga en sus pisadas al éxito que Él ha planeado para su vida.

4. Conviértase en uno que aliente a otros. Al estimular a otros, usted será estimulado y edificado en su ser interior.

*M*i exceso de equipaje por sentirme inferior.

_____
_____
_____
_____
_____
_____
_____
_____

*C*ómo puedo aligerar esta carga.

_____
_____
_____
_____
_____
_____
_____
_____

*D*ios es la fuente de mi fortaleza.

*Palabras de
consuelo y
sanidad para los
que luchan bajo
el peso de la*

5

CULPA

Cuando era un adolescente, de súbito y asombrosamente me di cuenta de que Dios estaba a cargo de mi vida.

Estaba en la bañadera. Directamente encima de mí había un cordón eléctrico, una placa fija de la cual colgaba un bombillo desnudo. El cordón estaba algo gastado. Me estiré para apagar la luz mientras todavía estaba parado en el agua, pero antes de que pudiera tocarlo, sonó el teléfono. Como sonara tres o cuatro veces, salí de la bañadera y corrí a contestarlo. No había nadie en la línea.

*D*esarrollé un concepto erróneo de Dios, un concepto de que estaba distante porque Él, como otros en mi vida, me había abandonado, se había dado por vencido en cuanto a mí.◆

Mientras iba de regreso al baño, chorreando agua por todo el camino, la bañadera y aquel cordón colgante quedaron enmarcados por la puerta del baño frente a mí. Me detuve en seco y el pensamiento me golpeó como un toque de electricidad: *La bañadera y el bombillo podían haber sido mi silla eléctrica*. La escena ante mí parecía exactamente como el sitio de ejecución.

Dije: «Dios mío, acabas de salvarme la vida. Nadie estaba en el teléfono, sino tú». Pienso que antes de aquel momento nunca había realmente pensado en Dios como una parte de mi vida.

Pensaba mucho en cuanto a Dios. Recuerdo haber estado acostado en mi cama y preguntándome cómo sería Él. Trataba de leer mi Biblia, pero no entendía mucho de ella. Dios era algo muy oscuro, más allá de mi capacidad para comprenderlo.

Mi madre creía en Dios y era salva. Pero no hablaba mucho de Él cuando yo estaba cerca. Cuando orábamos, ambos usábamos el inglés antiguo. ¡Durante años pensé que era la única manera en que el cielo podía escuchar a una persona! Dios parecía muy distante en el lenguaje y vivir diario.

No sólo pensaba en Dios como lejano, sino que desarrollé un concepto erróneo de Dios, un concepto de que Dios estaba distante porque Él, como otros en mi vida, me había abandonado, se había dado por vencido en cuanto a mí.

La mayoría de los niños desarrollan su concepto de Dios basándose en la conducta de sus padres. El mío había muerto y me había dejado, y cuando murió, un poco de mi concepto de Dios quedó establecido y decía, en efecto: «Dios te ha dejado, también».

Mamá trabajaba cinco días a la semana y estaba fuera desde muy temprano en la mañana hasta entrada la tarde. Yo pasaba largas horas solo en una casa vacía. Todo esto impactó mi concepto de Dios. Él no estaba cerca. No era confiable. No estaba accesible. No podía realmente contar con que Él estaría presente cuando lo necesitara. Es más, no estaba seguro de que existiera ni si sabía quién era yo. Llegué a creer: «Dios está lejos en alguna parte y con alguna otra persona».

Nunca pensé de Dios como un Padre. Padre, o en mi caso, padrastro, era un concepto demasiado humano, demasiado terreno, demasiado familiar. Dios era Dios. Remoto y, sin embargo, observando y escuchando.

EL DIOS DE LOS NO HAGAS ESTO

Dios estaba distante y desde mi perspectiva de niño solitario, lleno de ansiedad e inseguro, era un Dios duro, riguroso. Tenía autoridad y en ese aspecto era muy parecido a mi padrastro: recio, ultrajante, listo para denigrarme y expulsarme.

La constante amonestación de mi madre: «No hagas nada que no quisieras que te pesque haciendo si Jesús llegara», realmente ponía un grillete en mi estilo. Casi todo lo que un niño normal consideraría divertido, mi madre y la iglesia lo consideraban pecado.

Leer las tiras cómicas era un pecado (y yo repartía periódicos y ansiaba ver lo que le pasaba a Dick Tracy de un día para otro).

Usar una corbata de lazo era un pecado.

Oír cualquier clase de música que no fueran los himnos era un pecado (una píldora amarga para un muchacho a quien realmente le encantaban las canciones populares).

La santidad era una carga terrible de llevar y resultaba en un espíritu de esfuerzo que infectaba cada área de mi vida.

Había visto la mano de Dios obrando al punto de tener fe para creer en Él. Sin embargo, Dios era un misterio tal que nunca realmente sentí que era accesible para mí.

Me esforzaba por ser lo suficiente santo como para que Dios se acercara, por supuesto, pero nunca sentí como que hubiera hecho lo suficiente, ni que fuera capaz como para agradar a Dios. Siempre había un lúgubre sentimiento de que algo malo me iba a ocurrir.

Sin importar cuánto leí la Biblia, podía leerla más.

Sin importar cuánto oré, podía orar más, incluso toda la noche.

Y si oraba toda la noche, podía haber hecho aún más. ¡Podía también haber ayunado!

En mi primera Biblia, una Biblia Thompson de Referencia en Cadena que costó quince dólares y que era como un tesoro para mí, escribí estas palabras: «Me la regaló mi madre, la cual me enseñó tanto el amor como la ira de Dios». Debía haber trazado un círculo alrededor de la palabra *ira* y haberla subrayado.

Sí, Dios era un Dios de juicio. En mi niñez no tenía duda al respecto. Dios guardaba registros, marcaba calificaciones, corría lista. El mensaje acerca de Dios era uno estrechamente conectado con las imágenes del infierno, la importancia de los Diez Mandamientos y las terribles consecuencias del pecado. ¡Era un concepto de Dios que se convirtió en equipaje emocional y verdadera esclavitud espiritual para mí durante casi cincuenta y siete años!

Como ve, la dificultad de esforzarse por ser lo suficiente bueno para Dios es que la escala continúa moviéndose. Procurar ser santo es como participar en salto alto. Uno logra sobrepasar la barra a cierta altura y lo siguiente que nota es que la elevan más.

Como ve, la dificultad de esforzarse por ser lo suficiente bueno para Dios es que la escala continúa moviéndose. Procurar ser santo es como participar en salto alto. Uno logra sobrepasar la barra a cierta altura y lo siguiente que nota es que la elevan más. Por bueno que llegara a ser, siempre había algo mucho mejor que podía ser.

Dado mi concepto equivocado de Dios, no sabía realmente qué me impulsaba a ir a la iglesia. Tal vez eran las oraciones de mi madre por mí. Lo que quiera que haya sido que me atraía a la iglesia, asistía todos los domingos, aun cuando en toda mi niñez y adolescencia tenía que caminar más de kilómetro y medio para llegar a ella. Mi madre asistía algunas veces, pero muchos domingos me enviaba solo.

Siempre me sentaba en el extremo de la segunda banca, frente al púlpito. Escuchaba con mucha atención. El pastor, en mi concepto, parecía anciano y hablaba con lentitud. Pero por alguna razón siempre estuve interesado intensamente en lo que decía.

Cuando tenía alrededor de nueve años y de nuevo cuando tenía doce, mi abuelo me invitó a que pasara una semana con él en Carolina del Norte. Él estaba predicando en una campaña esa semana. Mi abuelo era un tipo alto, larguirucho, y al oírlo y verlo predicar me sentía como si estuviera oyendo hablar al mismo Dios. Recuerdo haberme arrodillado y orado entre las bancas de aquella iglesia en donde se celebraba la campaña. Era una iglesia pentecostal, y los pentecostales allí oraban ruidosa y largamente.

Más tarde, en mis doce años, fui a la iglesia una mañana y la Sra. Wilson estaba predicando en una campaña en nuestra iglesia. Yo estaba de pie en la segunda fila, mi lugar usual y sabía que cuando ella hizo el llamado al altar, tenía simplemente que pasar al frente. Caí de rodillas y antes de que lo supiera, cinco de mis compañeros de la Escuela Dominical se habían arrodillado también y oraban por mí. Lloré y oré, y le pedí al Señor que me salvara, y le dije que creía en Jesús y en su muerte y su resurrección.

El pastor me pidió que pasara al frente y le dijera a toda la congregación lo que el Señor había hecho por mí. Recuerdo haber estado detrás del púlpito y decir: «No sé todo lo que Él ha hecho por mí, pero sí sé que me salvó». Eso lo sabía sin ninguna duda.

Fue una experiencia que cambió mi vida, aun cuando alteró muy poco mi comprensión de la accesibilidad de Dios.

Mi madre no estaba allí ese domingo por la mañana, pero cuando regresé a casa le conté lo que había pasado y ella pensó que era maravilloso. También se lo dije a algunos amigos, pero a ellos no les interesó. Desde el mismo principio mi experiencia de salvación fue algo que experimenté yo solo, y mi andar en la fe era algo que también requería que anduviera solo, excepto, por supuesto, por la presencia de Jesucristo.

Hice de mi tiempo de repartir periódicos mi tiempo de oración. Sentía realmente que Jesús me oía cuando hablaba con Él respecto a lo que estaba ocurriendo en mi vida, en la escuela, en el hogar, con mis amigos y mamá. Jesús era muy real para mí. Dios el Padre seguía muy lejos, morando en algún lugar distante. No tenía concepto ni sentía que Dios pudiera estar cerca a mí. Era salvo, pero todavía me sentía indigno de esa clase de intimidad con el Señor.

EL MENSAJE FALTANTE DE LA GRACIA

Al mirar hacia atrás, a esos años, he llegado a darme cuenta de que en todos esos domingos en la iglesia escuché lastimosamente escasos sermones sobre la gracia de Dios. En realidad, ¡he oído muy pocos sermones sobre la gracia desde entonces! Es mi firme opinión que la mayoría de los pastores predican mucho más acerca de las obras que de la gracia. Diría que más del noventa por ciento de sus sermones se relacionan a la necesidad de alinearnos con las reglas de Dios.

Muchos predicadores tal vez digan que predican con regularidad acerca de la salvación, pero la mayoría de los que dicen tal cosa en realidad predican el arrepentimiento. Piden que la gente haga algo *primero* antes de que Dios pueda llegar a ellos.

La verdad es que Dios se extiende hacia nosotros continuamente y en más maneras de las que pueden contarse. Él está para siempre ofreciéndose a sí mismo. No nos perdona porque mencionamos nuestros pecados (los cuales Dios ya los sabe), ni porque relatamos nuestras equivocaciones, ni suplicamos, ni rogamos en arrepentimiento. Todo lo que en realidad necesitamos hacer es aceptar y recibir lo que Dios ya nos ha dado: el don gratuito de la salvación, gracia libre y la libertad de entrar a la presencia de Dios.

Su salvación y la mía se basan en la respuesta a una pregunta y sólo una: «¿Estoy dispuesto por fe a recibir a Jesucristo como mi Salvador personal, basado en que cuando Él murió en el Calvario pagó completamente mi deuda?»

Si respondo que sí a esa pregunta, recibo a Cristo en mi vida. Cuando le recibo, le recibo por fe. Creo en Él como mi Salvador personal.

El arrepentimiento, por otro lado, es algo que hago por mi voluntad debido a lo que Dios hace en mi corazón cuando le recibo por fe. Me alejo del pecado debido a algo que ha ocurrido en mi corazón, no para que ocurra algo en él. Nos arrepentimos como resultado de aceptar a Jesús y de experimentar su gracia obrando en nosotros.

Me alejo del pecado debido a algo que ha ocurrido en mi corazón, no para que ocurra algo en él.

✳

Aceptar a Jesús es tan simple como aceptarle como su Salvador y aceptar que lo que Él hizo es suficiente para establecer su relación con Dios.

Permítame decirlo de otra manera. Lo único que se requiere de usted para recibir a Jesucristo como su Salvador es que crea que Él es el Hijo de Dios, que murió en la cruz para pagar su deuda del pecado y que es su Salvador y Señor.

Imponer alguna otra cosa sobre las personas como requisito para su salvación, es cargarlas con obras y disminuir la gracia de Dios obrando en sus vidas.

Romanos 10.9-10 nos dice claramente: «Que si confesares con tu boca que Jesús es el Señor, y creyeres en tu corazón que Dios le levantó de los muertos, serás salvo. Porque con el corazón se cree para justicia, pero con la boca se confiesa para salvación».

Esta comprensión de la gracia que adquirí apenas hace pocos años, ha transformado totalmente la manera en que predico. Una vez que las personas entienden que no necesitan cambiar antes de venir a Dios, que no necesitan suplicar y rogarle a Dios que los acepte, que la gracia de Dios se extiende a ellos y que todo lo que necesitan hacer es aceptarla por fe y creer en Jesús, experimentan una tremenda transformación en sus vidas. Veo a personas liberadas de:

◆ sentir una necesidad de lograr la aprobación de Dios.

◆ realizar algo para Dios.

◆ experimentar culpa por no haber hecho lo suficiente para Dios o no soy lo suficiente bueno para Él.

El apóstol Pablo preguntaba: «¿Perseveraremos en el pecado para que la gracia abunde?», y luego él mismo contestó su pregunta: «En ninguna manera» (Romanos

6.1-2). Su deseo de pecar disminuye grandemente. Una vez que la persona ha experimentado el don gratuito de la gracia de Dios, desea postrarse sobre su rostro y clamar a Dios, alabarle y adorarle. Ya no quiere ir y pecar.

Una vez que la persona comprende la plenitud y alcanza la gracia de Dios, ¡no se puede evitar que acepte al Señor! Tal persona difícilmente puede esperar para entablar su relación con Dios.

Cuando pensamos que tenemos que lograr ser lo bastante buenos para alcanzar a Dios, que tenemos que hacer algo para ganar el favor de Dios o que necesitamos hacer cambios en nuestras vidas antes que podamos ser salvos, somos renuentes a hacer el esfuerzo, tal vez por temor de que aun cuando hagamos el esfuerzo, no será suficiente.

¿QUÉ HACER CUANDO PECAMOS?

Como cristiano, quizás en este momento se diga: «Yo todavía peco. No quiero pecar, pero aún lo hago».

No se desaliente. Todos estamos en el mismo barco. Incluso Pablo admitió: «Hago lo que no quiero hacer, y no hago lo que quiero hacer». (Véase Romanos 7.19.)

La oración en esas ocasiones debe ser: «Dios mío, estoy luchando. No me va bien. Estoy fallando. Por favor, perdóname y ayúdame». Tal vez no reciba una respuesta rápida ni inmediato alivio de aquello con lo cual lucha, pero sé que el perdón de Dios es instantáneo. Mi comprensión de qué hacer puede llevar tiempo, es más, casi siempre es así porque es un proceso de crecimiento, pero cuando se trata del perdón, sé que ese perdón se concede en el instante que lo pido.

Mi perdón se resolvió en la cruz hace casi dos mil años. No necesito suplicarle a Dios ni rogarle que me perdone. Simplemente necesito pedirle que me perdone y luego aceptar el hecho de que lo hace y lo ha hecho.

Veo a muchos cristianos que suplican y suplican perdón, día tras día. ¡Necesitan comprender que Dios oyó su petición la primera vez que la expresaron! Una vez que inicialmente se han arrepentido de sus pecados y recibido el perdón de Dios en sus vidas, se acercan al Padre como hijos perdonados.

Cuando las personas perdonadas pecan y le piden perdón a Dios, en realidad lo hacen para que su relación con Él pueda fortalecerse y su comunión con Él pueda renovarse. Le piden a Dios que quite lo que impide la comunión creciente, cálida e íntima con el Señor. No le piden perdón para reestablecer la comunión.

HAY QUE DEJAR ATRÁS EL PASADO

En el curso de mi ministerio he conocido innumerables personas que se sienten acosadas por sus pecados. No han sido capaces de autoperdonarse y dejar atrás su pasado.

La Biblia nos dice que una vez que nos hemos arrepentido de nuestros pecados, Dios los perdona y se olvida de ellos. Escuche las palabras del Señor en Isaías 43.25:

Yo, yo soy el que borro tus rebeliones
    por amor de mí mismo,
y no me acordaré de tus pecados.

No es el Señor, por consiguiente, quien le recuerda sus pecados que ya le ha confesado. Dios jamás le acosará por algo que Él ya ha perdonado. ¡No le recordará algo que ya ha olvidado! Tales recuerdos que le acosan los inspira el enemigo de su alma, el diablo. Cuando usted se ve acosado por imágenes o recuerdos de pecados confesados a Dios, es tiempo de decir: «Rehúso aceptar estos pensamientos. Dios ya me ha perdonado de eso. Lo dejo atrás ahora mismo. Diablo, no tienes cabida en mi mente».

HAY QUE ACEPTAR EL PODER TRANSFORMADOR DE DIOS

Otros están convencidos de que tienen una capacidad incontrolable para pecar, o que son propensos a pecar en cierta área. Cuando la gente empieza a pensar de tal manera respecto a sí mismos y concluyen que no tienen ninguna capacidad de resistir la tentación, se colocan en una posición débil. Se disponen mental y emocionalmente a pecar de nuevo porque esperan hacerlo, en lugar de esperar que el Señor les ayudará a vencer la tentación. La esperanza debe ser a no pecar.

Si siente que es débil en un área en particular, es tiempo de decir: «Señor, quiero agradecerte porque tú eres mi fortaleza, mi resistencia, mi poder. Tu gracia es sobreabundante. Tú has dicho que cualquiera que sea el pecado que enfrente, tú tienes más poder para ayudarme a resistir la tentación con la cual el diablo tiene poder para tentarme. Pongo mi confianza en que desatarás tu vida en mí».

Concéntrese en la providencia de Dios que le guarda del pecado más que en el pecado o sus debilidades. La Biblia nos dice: «No proveáis para los deseos de la carne» (Romanos 13.14). En otras palabras, no espere que sus deseos y su carne venzan sobre su espíritu. No busque excusas en sus deseos pecaminosos, ni intente justificar su conducta pecaminosa como algo que no puede controlar. De hacerlo, pone el cimiento mental, emocional y espiritual de otro fracaso.

Antes que poner su atención en lo que le tienta, diríjala inmediatamente al Señor. Piense en Él, concentre sus pensamientos en su Palabra y en todo lo verdadero, honesto, justo, puro, amable y de buen nombre (véase Filipenses 4.8).

Jamás dé por sentado que Dios le hizo para que peque. Muchas personas intentan justificar su pecado diciendo: «Pues bien, sencillamente Dios me hizo así». No, no es cierto. Dios lo creó a su imagen, con libre albedrío, con el cual decide sus acciones y respuestas a la vida. El deseo de Dios es que no peque, sino que su vida sea justa ante Él, de modo que le pueda bendecir a plenitud con todo lo bueno que ha planeado y tiene preparado para usted.

LOS PECADOS Y LAS EQUIVOCACIONES SON DIFERENTES

Muchas veces me he preguntado: «¿Habría cambiado alguna decisión crucial en mi vida?» La respuesta es no.

Esto no significa que no haya tomado algunas malas decisiones ni cometido errores. Pero sé que Dios ha sacado el bien de esas malas decisiones y que, llegado el momento de las más importantes en mi vida, Él se reveló tan claramente que pude tomar la decisión correcta.

Déjeme hacer una distinción clara entre un pecado y una equivocación. Muchos lo confunden y como resultado viven en un espíritu de condenación y culpa que es por completo innecesario.

Dicho brevemente, un pecado es optar por hacer algo que sabemos que es contrario a la voluntad de Dios. Un pecado es un acto voluntario, calculado, pensado, esperado y plenamente consciente. Un pecado es deliberado. Es descartar de frente algo que sabemos que es correcto a los ojos de Dios.

Una equivocación o falta es casi siempre un impulso del momento, sin planearlo, y que se hace sin pensar de antemano en sus consecuencias. Una equivocación es un error de cálculo, un error de juicio (a veces basado en un error en la investigación o en la información recibida).

¿Qué debemos hacer con nuestras equivocaciones?

Primero, podemos reconocerlas y aprender de ellas. Por ejemplo, sé, al mirar en retrospectiva, que he cometido varios errores al contratar algunos de los miembros de nuestro personal. Miré todos los factores externos relacionados a esa persona: tenía conocimiento, sería leal, tenía las credenciales apropiadas y tenía un buen historial de trabajo. La persona que contraté tenía todo el potencial del mundo. Y sin embargo, no resultó.

¿Qué me hizo cometer la equivocación?

He llegado a reconocer que se debió a un sentimiento de desesperación personal, un sentimiento de que necesitaba de alguien de inmediato. Dejé que mi decisión la determinara mi necesidad en lugar de que fuera por el deseo de Dios.

La necesidad y desesperación personales no son nunca buenas razones para tomar decisiones. Esos motivos con frecuencia pueden llevar a decisiones insensatas.

También he llegado a percatarme de que hago decisiones mucho más sabias en cuanto al personal cuando rehúso confiar únicamente en mi juicio. Ahora nunca contrato a alguien sin el consenso de otros miembros del personal.

He aprendido, y sigo aprendiendo, de mis equivocaciones.

Segundo, podemos acudir al Señor al cometer equivocaciones y confiárselas a Él. Podemos pedirle que se haga cargo de la situación, que arregle lo que anda mal y que haga que algo bueno resulte de nuestras faltas.

Mi esposa, Annie, y yo experimentamos un ejemplo muy práctico de esto en nuestras vidas cuando nos mudamos a Atlanta. Hacía varios meses que estábamos en la ciudad y nos sentíamos muy apremiados para tomar una decisión y establecernos. Hallamos una casa que no era en realidad la que buscábamos, pero hasta cierto punto parecía adecuada, de modo que dimos un depósito con la intención de comprarla. Uno de los requisitos que hicimos constar en el contrato fue de que la casa tuviera un sótano seco.

El día después que dimos el depósito para la casa, encontramos una que era la que de verdad queríamos. Sentimos como que habíamos hallado *nuestra* casa, pero ya nos habíamos comprometido con la otra.

Dije: «Quizás actuamos debido a nuestro desánimo. Simplemente tendremos que pedirle a Dios que resuelva esto». Nos arrodillamos y oramos sobre el asunto.

Esa noche Atlanta recibió una de sus más copiosas tormentas en veinte años. El sótano de la casa por la cual dimos el depósito se inundó y eso canceló el contrato.

Nos equivocamos. Oramos por una casa, la buscamos todos los días, pero cuando se trató de tomar una decisión, nos adelantamos a Dios. Dejamos que nuestra desilusión y necesidad de una casa nos empujara a la acción, antes que esperar por la respuesta precisa a nuestras oraciones. Y sin embargo, aun cuando nos equivocamos, Dios sabía que nuestro deseo era tener la casa que Él quería para nosotros y la proveyó.

Confíe al Señor sus equivocaciones. Él puede arreglarlas mucho mejor que usted.

¿SE SIENTE COMO SI HUBIERA DEJADO FUERA A DIOS?

Tal vez se sienta como si no hubiera hecho algo que Dios quería que hiciera, algo a lo cual Él le llamó y usted no hizo.

Pregúntese: «¿Fue eso en realidad un llamado de Dios o fue el fruto de mi deseo? ¿Fue un verdadero llamado o fui yo soñando despierto o deseando algo en el momento? ¿Fue algo que Dios quería que hiciera o algo que algún otro pensó que debía hacer?»

Si el llamado en realidad no fue de Dios, Él no le considera responsable por lo que pensó que eran los planes de Él para usted.

Tal vez diga: «Pero, ¿cómo puedo decir si el llamado fue genuino, o si fue sólo mi deseo del momento?»

Pregúntese: «¿Hubo algún instante cuando tuve la oportunidad de poner en práctica tal llamado y dije que no?» Por ejemplo, quizás alguna vez pasó al frente durante una conferencia misionera, entregando su vida para trabajar para Dios como misionero. Eso no es lo mismo que si Dios le dijera: «Quiero que aceptes esta invitación para que vayas al África y seas mi representante en esta ciudad en particular». El compromiso anterior es una entrega general a la voluntad de Dios, por si acaso Él le llama a que vaya. El segundo ejemplo es una aceptación de una orden específica de Dios para que *ponga en práctica* un llamado. Si la oportunidad nunca se presenta en forma concreta, específica, para que vaya al otro lado del planeta como misionero, no se afane con sentimientos de culpa de que le ha fallado a Dios. Usted no ha fallado.

Si piensa que porque le falló a Dios una vez en el pasado, o incluso más de una, Él jamás volverá a usarlo en el futuro, está limitando a Dios.

✳

En algunos casos, por supuesto, a lo mejor dice: «Pero me negué cuando Dios me pidió que hiciera algo muy específico». Si ese es el caso, este es el momento para acudir al Señor y decirle: «Señor, lamento haberte desobedecido. Te pido perdón. Me entrego a ti hoy mismo. Cualquier cosa que quieras que haga, lo haré». Escuche a continuación lo que el Señor le dice que haga y luego obedézcale y ponga manos a la obra.

Si piensa que porque le falló a Dios una vez en el pasado, o incluso más de una, Él jamás volverá a usarlo en el futuro, está limitando a Dios. Él tiene la capacidad de perdonar. Él puede transformar sus fracasos en triunfos. Él puede encontrar un lugar que es preciso y adecuado para sus talentos y dones en particular. Y aún más, Él desea ponerlo a trabajar en su Reino.

Quizás diga: «Pues bien, no rehusé el llamado de Dios, pero he pecado grandemente. Dios jamás podrá usarme».

De nuevo limita la capacidad de Dios. Él puede sanar su vida, restaurarlo, restablecerlo, hacerle volver a su camino y usarlo. ¡Confíe en que Él lo hará!

Simplemente mire a la cantidad de personas que han estado en prisión, que han fallado miserablemente, caído de la gracia (y no quiero decir que hayan perdido su salvación), sufrido gran descrédito y la pérdida de reputación, y Dios les ha levantado y restaurado. Muy a menudo, los últimos días de sus vidas son más fructíferos para Él que los anteriores al fracaso.

Creo que puede interpretar mal, juzgar mal y cometer una equivocación, pero si el deseo de su corazón es hacer la voluntad de Dios, Él hallará la manera de transformar su equivocación y guiarlo a la senda correcta.

En 1984 estaba ciento por ciento convencido de que no sería elegido presidente de la Convención Bautista del Sur. No era algo que quería. No creía que era el plan de Dios para mi vida.

La noche antes de que se hicieran las nominaciones estaba en un culto de oración con un grupo de personas que se habían reunido para orar y hablar respecto a la nominación para presidente.

Bertha Smith, una misionera en China durante más de cuarenta años y quien quizás hizo más que ninguna otra persona para lograr que los pastores Bautistas del Sur se afinaran con el Espíritu Santo, estaba también presente. Sintió que yo debía ser el nominado y me dijo: «Charles, debes arrodillarte y arrepentirte, y arreglar las cuentas con Dios». ¡Por supuesto, hice lo que me dijo! Pero sin embargo, salí de esa reunión con una idea bastante clara de a quién iban a nominar y no era yo. El hecho era que me agradaba mucho que la otra persona recibiera la nominación.

A la mañana siguiente, mientras me preparaba para salir de la habitación del hotel y dirigirme a las reuniones de la convención, desde el instante en que puse mi mano en la puerta, el Señor me habló al corazón: *No pongas tu mano en la puerta a menos que estés dispuesto a hacer lo que te diga.* Me eché a llorar.

He descubierto, a través de los años, que cada vez que Dios me trae a un momento crucial en mi vida, estallo en llanto sin ninguna razón explicable. Parece que paso en un instante de la impasibilidad a una emoción apabullante cuando Dios me da una percepción de lo que me llama a hacer.

Empecé a orar y el Señor me confirmó que necesitaba que estuviera dispuesto a que me nominaran, incluso si perdía y sufría humillación en el proceso. Después de un poco más de examen del alma y conflicto, finalmente dije: «Está bien, Señor». Salí de mi habitación y regresé al lugar en donde había tenido lugar la reunión de oración la noche anterior y encontré que varias personas todavía estaban allí. Habían estado orando toda la noche.

El hombre de quien me sentía seguro que sería nominado se me acercó y me dijo: «No voy a permitirlo». Le conté al grupo lo ocurrido y ellos empezaron a regocijarse y a alabar a Dios. Varios me dijeron: «Siempre lo supimos. Sólo esperábamos que usted accediera».

Ahora bien, después de todo el dolor, el conflicto, las pruebas y las tribulaciones que surgieron a raíz de esa convención, tal vez debo preguntarme: «¿Me equivoqué?» Una cosa que sé por seguro es que cuando vea a Dios, habré hecho con todo mi corazón lo que realmente creía que era lo correcto. Desde el punto de vista de Dios, o en la opinión de otras personas, tal vez fue una equivocación, pero no tengo convicción personal de eso en mi corazón. Hasta donde sé, he hecho lo que Dios me pidió que hiciera.

No quiero nunca verme cuestionando arrepentido: «Me pregunto lo que Dios hubiera hecho si hubiera dicho que sí a lo que sentí que Él me guiaba a hacer en ese momento». Tengo la seguridad de que he obedecido a Dios lo mejor que he podido y que el deseo de mi corazón siempre ha sido obedecerle. Si he errado, confío en que Dios lo corregirá y me abrirá el camino para que le comprenda mejor y que haga su voluntad incluso más perfectamente en el futuro.

Dios conoce nuestras flaquezas humanas. Dios sabe cómo corregir nuestros errores.

Dios conoce nuestras flaquezas humanas. Él sabe cómo vencerlas y cómo obrar a través de ellas, alrededor de ellas y en ellas. Dios sabe cómo corregir nuestros errores.

La Biblia nos dice que el Señor mira nuestro corazón, nuestros motivos, nuestros deseos y nuestros más íntimos pensamientos, no nuestros logros. Él nos juzga según nuestra fidelidad, no según nuestro éxito.

SÓLO USTED LO SABE CON CERTEZA

Usted, y sólo usted, sabe hoy si anda bien con Dios. Si no lo está, puede estarlo. No hay hada que haya hecho y nada que sea, que esté fuera del amor de Dios por usted. Él está listo para perdonarle y recibirle plenamente en su presencia, adoptarle como su hijo y estar junto a usted en cada momento por el resto de su vida.

Usted, y solo usted, sabe hoy si sigue el plan de Dios para su vida. Si no lo está, puede empezar a estarlo ahora mismo. Dios tiene un plan para su vida y espera para ponerlo en práctica.

Usted, y solo usted, sabe hoy si carga el excesivo equipaje de la culpa. Si lo está, puede quedar libre de esa culpa. Puede aceptar la obra definitiva de Jesucristo en la cruz, ser transformado y llegar a ser una nueva criatura espiritual. Puede aceptar el hecho de que una vez perdonado, está en un proceso de crecimiento y transformación. Puede pedirle a Dios que tome sus equivocaciones y errores, las piedras de tropiezo que hay en su vida, y las convierta en piedras para caminar y avanzar.

El deseo del Señor para usted hoy es que sea libre de la culpa y del pecado. Todo lo que necesita hacer es creer su oferta de quitarle su carga de culpa y pecado.

CÁPSULA DE VERDAD

Cuando luche bajo el peso de la culpa y el pecado:

1. Acepte a Jesús como su Salvador. Reciba lo que Él ha hecho por usted y lo que desea darle, su misma presencia que le libertará, le dará poder y le transformará en una persona pura, santa y completamente limpia en el alma.

2. Siga a Jesús como su Señor. Pídale su ayuda para vivir. Entréguele sus equivocaciones y pídale que las transforme en bien.

3. Reconozca a Jesús como su camino. Él dijo: «Yo soy el camino, y la verdad, y la vida» (Juan 14.6). Confíe en que Él le mostrará su senda y le dará el valor para andar por ella.

*M*i exceso de equipaje de culpa.

_____
_____
_____
_____
_____
_____
_____
_____
_____

*C*ómo puedo aligerar esta carga.

_____
_____
_____
_____
_____
_____
_____
_____

*D*ios es la fuente de mi fortaleza.

6

FRUSTRADOS

Mi mejor amigo en la escuela secundaria era un muchacho llamado Raymond. Era bautista y yo pertenecía a la Iglesia de la Santidad en ese tiempo. Una noche cuando ambos teníamos catorce años y estábamos sentados en un estadio le pregunté:

—¿Qué vas a ser cuando seas grande?

—No lo sé —me dijo—. ¿Qué vas a ser tú?

—No sé —repliqué.

Más tarde nos confesamos que ambos sabíamos que íbamos a predicar, pero estábamos demasiado asustados como para admitirlo.

Sin comprender en ese tiempo cómo la gracia transformadora de Dios obra en la vida de la persona, hice lo que haría casi cualquier otro con mi equipaje emocional: me propuse ser el pastor más perfecto que jamás haya vivido.◆

Nunca hubo un momento en que sentí que Dios me decía directamente: *Quiero que prediques.* Pero desde el instante en que fui salvo realmente nunca pensé en hacer ninguna otra cosa. Predicar siempre me pareció que era lo que estaba destinado a hacer.

Puesto que llegué a la edad adulta con un pesado equipaje emocional, muy poca autoestima, un montón de inseguridades y toda una vida de soledad, ser un pastor era quizás una de las cosas que menos debía haber aspirado a ser. El pastorado significa tratar con muchísimas personas. Virtualmente no tenía ninguna experiencia en ese sentido. El pastorado denota ostentar una posición pública de liderazgo. De nuevo, no tenía nada en mi trasfondo que me preparara para asumir tal función.

Sin comprender en ese tiempo cómo la gracia transformadora de Dios obra en la vida de la persona, hice lo que haría casi cualquier otro con mi equipaje emocional: me propuse ser el pastor más perfecto que jamás haya vivido. Estudié y oré largo y tendido. Hice todo lo que estaba a mi alcance para hacer lo mejor que podía.

Ahora bien, tratar arduamente de hacer lo mejor posible no tiene nada de malo. Pero mi motivo era incorrecto.

No me daba cuenta de eso, pero trataba de ganar la aceptación de Dios; intentaba lograr que me amara y me aprobara de alguna manera, en alguna forma. Como ve, muy dentro de mí pensaba que nadie me podía querer y que necesitaba automejorarme y ser perfecto para que Dios lograra amarme.

Como perfeccionista uno nunca sabe cuándo está alcanzando las expectativas de Dios y, por consiguiente, nunca sabe cuándo es lo suficiente bueno como para lograr la aprobación de Dios.

Como ya dije en un capítulo anterior, uno de los problemas de ser perfeccionista es que uno nunca sabe cuándo está alcanzando las expectativas de Dios y, por consiguiente, nunca sabe cuándo es lo suficiente bueno como para lograr la aprobación de Dios. Estaba en una búsqueda de un fin indefinible, pero no lo sabía en ese entonces. Me sumergí de cabeza hacia una meta imposible.

No sólo traté arduamente, me acicateaba yo mismo. Y más que eso, acicateaba a otros también. Mi esposa me dijo una vez: «Tú no te creas úlceras. Las produces en los que te rodean». Quizás era muy cierto. La persona que se acicatea a sí mismo no puede soportar la ociosidad y holgazanería ni en sí mismo ni en ningún otro. La actitud perfeccionista es uno haciendo todo lo que puede hacer y luego hacer un poquito más. Es una actitud gobernada por los «debo» y «tengo»: «Debo hacer esto; tengo que hacer lo de más allá». Los «debo» y los «tengo» gobernaban casi todo lo que hice durante muchos años.

No sólo quería la aprobación de Dios, por supuesto. También quería la de los que me llamaban su pastor.

Estoy seguro de que muchos domingos por la mañana me paré en la puerta después de predicar un sermón, primordialmente con la esperanza de oír a alguien decir: «Fue un sermón maravilloso. En realidad lo aprecio mucho». O: «Fue muy bueno... usted me ha sido de bendición». Sentía una necesidad desesperada de aprobación, tratando de compensar los años de rechazo y desaprobación que había conocido.

Es digno de notar otros tres aspectos de la actitud del perfeccionista. Yo las tenía todas:

◆ *Control.* Me sentía muy intranquilo a menos que estuviera a cargo. Sin importar lo que ocurriera, sentía que debía tener el control en mis manos.

◆ *Combatividad.* Sin que importara de lo que se tratara, estaba listo para luchar si alguien quería hacerlo. Era muy competitivo. Eso, sin duda, brotaba en parte de mi espíritu de hacer o morir. Cuando alguien es perfeccionista hace lo que sea necesario para ganar y ser el mejor. No hace ninguna diferencia de qué aspecto de la vida se trata, el perfeccionista no se rinde, jamás admite agotamiento y persiste en hacer lo que quiera que piense que es necesario para llegar a la cima o ser el mejor.

◆ *Crítica.* Tenía un espíritu muy criticón. Si una persona no llegaba a mis normas, las cuales hubieran sido muy difíciles de definir y siempre imposibles de alcanzar, la criticaba. Un perfeccionista critica a todo el mundo y en cada momento.

El problema, por supuesto, es que sin importar cuánto quiera el control, siempre hay circunstancias o personas que no cooperan.

Sin importar cuánto quiera empujar a los que lo rodean a fin de que sean perfectos, nunca lo serán.

Luchar solo pone a las personas a la defensiva y, al fin y al cabo, las aleja.

Y criticar a los que no alcanzan a lograr sus normas generalmente les hace que continúen fallando.

El resultado es que el perfeccionista que se esfuerza sólo logra una cosa: constante irritación y frustración.

LA IRRITACIÓN Y LA FRUSTRACIÓN SON TRABAJOS INTERNOS

La irritación y la frustración son asuntos internos. Su raíz está en la salud emocional de la persona.

La gente con frecuencia culpa a las circunstancias y situaciones externas por la irritación que siente, pero las cosas externas de la vida no irritan, simplemente son el disparador de lo que ya está dentro de la persona.

Cualquiera que siempre se siente irritado y frustrado necesita encarar lo que tiene dentro de sí y que le causa tal respuesta a la vida. Hay algo que la persona:

◆ no ha resuelto.
◆ de lo cual quiere huir.
◆ no ha identificado.
◆ no ha reconocido.

◆ desconoce por completo.

◆ rehúsa encarar.

Los comentarios que nosotros, pastores y asesores, oímos cubren una amplia gama de frustraciones: «Nada parece resultar»; «Interrupciones, interrupciones, interrupciones. Parece que no alcanzo a lograr hacer algo»; «Me siento como si estuviera andando en círculos a ciento cincuenta kilómetros por hora y sin ir a alguna parte»; «Sería feliz si al menos él pudiera dejar de comportarse como lo hace».

Muy a menudo la actitud prevalente es: «Tengo la razón y todos los demás están equivocados». La realidad es, sin embargo, que los demás no pueden estar siempre equivocados en cada situación. ¡Lo que anda mal está por dentro de la persona que piensa tal cosa!

Una vez que ha identificado lo que se halla verdaderamente en la médula de su irritación y frustración, debe resolverlo.

Muy a menudo la frustración e irritación tienen sus raíces en:

◆ ser incapaz de aceptar la manera en que Dios ha creado a la persona.

◆ ser renuente a enfrentar un problema del pasado.

◆ rehusar a enfrentar algo que la persona sabe que anda mal y es contrario a los propósitos y plan de Dios.

Pregúntese si siente una constante irritabilidad y frustración: «¿Soy un competidor? ¿Pienso que siempre debo ganar? ¿Siento siempre que he fallado si no obtengo una A, si no gano el primer premio o si no llego primero?»

Muchos aplican ese sentido de competencia en su relación con Cristo tratando de sobresalir. Tratan de ser los primeros en todo lo que hacen para el Señor. Desean ser el mejor cristiano que jamás haya vivido.

Como indiqué antes, Dios no compara a las personas: cristiano con inconverso, ni cristiano con cristiano. No categoriza a las personas por percentilas, ni les recompensa basado en los primeros, en el más excelente, ni en los mejores.

El cristiano que se esfuerza por ser el mejor sobre la tierra necesita preguntarse: «¿Por qué me esfuerzo tanto? ¿Qué espero ganar u obtener?»

¿Es asunto de orgullo, un deseo de ser reconocido por sobre sus colegas o competidores?

¿Es asunto de control, tratar de adquirir poder mediante sus logros?

¿Es cuestión de aptitud, que todavía cree que debe hacer más para que Dios, o alguna otra persona, le dé su aprobación o su amor?

Permítame darle buenas noticias.

Dios no podría amarle más de lo que ya le ama. Dios no podría darle mayor aprobación de la que ya le otorga hoy.

Usted es su hijo y Él le ama exactamente así como usted es en este momento. Sabe que está en el proceso de llegar a ser algo, pero Él también asume la responsabilidad de lo que usted llegará a ser y cuán rápido lo hará. Él le dice: «Déjame a mí hacer el esfuerzo por ti. Déjame obrar en ti. Todo lo que tienes que hacer es recibir lo que quiero hacer en ti y por medio de ti. Acepta mi oferta. Déjame hacer a mí el trabajo de perfeccionamiento».

UNA SENSACIÓN DE FRUSTRACIÓN QUE DIOS DA

A veces existe una sensación de irritabilidad que no tiene su raíz en un sentido de fracaso, ineptitud ni deseo de perfección, sino que es Dios el que pone en su espíritu un sentido de frustración.

Este tipo de frustración se puede distinguir por cuatro cualidades:

1. Usted no trata de derrotar ni conquistar a nadie ni a nada.
2. El gatillo de la frustración es casi siempre muy súbito e intenso, e incluso bajo cuidadoso examen no parece haber causa para el mismo.
3. La frustración no es contra ningún otro, sino respecto a usted mismo.
4. Una vez que se coloca en la nueva senda que Dios le indica, la frustración termina.

Cuando ese tipo de frustración se manifiesta en su vida, ¡regocíjese! Dios está labrando su alma y obligándole a encarar una parte más profunda de su carácter. Dios está tratando de perdonar, resolver, o transformar un nuevo aspecto de su vida. Lo agita, manteniéndolo así hasta que usted encare su problema, su pecado, su error, su misma naturaleza. No le dejará en paz hasta que se enfrente a usted mismo decididamente, pero una vez que lo haga, hallará que el Señor está obrando para su crecimiento y, a la larga, para su bien eterno.

¡*R*egocíjese! Dios está labrando su alma y obligándole a encarar una parte más profunda de su carácter.

✳

Dios usa nuestro crecimiento a raíz del dolor para hacernos más eficaces en nuestra fe. Tal crecimiento nos lleva a un punto más alto del servicio. Nos conforma a la semejanza de Cristo de modo que podamos verdaderamente llegar a ser las personas con las cuales Él desea vivir para siempre.

Romanos 8.28 nos dice: «Y sabemos que a los que aman a Dios, todas las cosas les ayudan a bien, esto es, a los que conforme a su propósito son llamados». Los dos versículos siguientes nos dicen el propósito de Dios al hacer que todo nos ayude a bien: para que nosotros podamos ser transformados a semejanza de Cristo: «Porque a los que antes conoció, también los predestinó para que fuesen hechos conformes a la imagen de su Hijo, para que Él sea el primogénito entre muchos hermanos. Y a los que predestinó, a éstos también llamó; y a los que llamó, a éstos también justificó; y a los que justificó, a éstos también glorificó» (Romanos 8.29-30).

Cuando tiene un sentimiento que le agita por dentro, una inquietud en su alma, puede ser una de las ocasiones más emocionantes de su vida. Dios está obrando en usted; está a punto de darle una experiencia más profunda, más satisfactoria en su andar con Él.

Ese es el tiempo cuando necesita hacer varias cosas.

Primero, asegúrese de que todo anda bien entre usted y Dios. Afronte cualquier pecado que el Señor le revele, pida perdón y luego con su voluntad tome la decisión de cambiar sus caminos pasados. Pídale al Señor que le prepare para lo que Él tiene guardado para usted. Lea la Palabra de Dios con renovado vigor, siempre alerta para ver versículos que Dios puede hacer que salten de la página mientras los lee.

Segundo, empiece a *esperar* que Dios le muestre lo que le está guiando a hacer. Espere con anhelante expectación que Dios le revele el siguiente paso. Déle gracias por alistarle a dar ese próximo paso, porque le ha dado un nuevo desafío y oportunidad.

Es importante que reconozca que este tipo de expectación es muy diferente a los sentimientos de compulsión u obsesión interna.

Las compulsiones y obsesiones son casi siempre el resultado del perfeccionismo. Son una trampa, no una bendición. Tiene su raíz en su acicate de tener algo que no tiene o para adquirir algo que no ha ganado. Una pregunta clave para hacerse es: «¿Realmente querré lo que he conseguido al lograr lo que quiero?»

Muchas veces las personas se proponen conseguir o adquirir algo, que una vez que lo logran o consiguen realmente no satisface su anhelo más profundo.

Las obsesiones a menudo están ligadas a la codicia. Mientras más quieren, hay más para querer. Mientras más tienen, más se percatan que no tienen. En las obsesiones, mientras más las personas se esfuerzan por tener el control sobre algo, por lo general se dan más cuenta de que jamás podrán tener el control total sobre tal cosa por cuanto, a la larga, ¡no tienen control de sí mismos!

Las únicas cosas en la vida que en verdad satisfacen son las intangibles y esas sólo Dios puede dárnoslas. Deténgase un momento a pensar respecto a lo que valora en la vida. En su lista sin duda estará lo siguiente:

◆ Una vida larga, fructífera y satisfactoria
◆ Buena salud
◆ Un círculo amoroso de familia y amigos

◆ La esperanza de la vida eterna

◆ Paz interna y gozo

Ninguna de estas cosas puede adquirirlas usted solo. Cada una es algo que, en último análisis, sólo Dios puede proveer. Usted puede realizar ciertas acciones que mejorarán su capacidad de tenerlas, pero nunca puede adquirirlas plenamente por sí mismo.

Las cosas aparte de las que únicamente Dios puede proveer son sólo eso: cosas. Jamás satisfacen. Siempre decepcionan, se dañan, se enmohecen, se las roban, se pierden, se devalúan, decaen, se pudren, se marchitan. No duran.

Tercero, empiece a evaluar lo que *no* quiere en la vida, *no* quiere de la vida y *no* quiere hacer o ser en la vida.

Muy a menudo el Señor nos guía a su voluntad al darnos una gran aversión por lo que no es su voluntad. Nuestros pecados y naturaleza pecaminosa llegan a sernos aborrecibles. Las cosas que una vez anhelábamos tener, ya no las toleramos. Las personas que una vez admirábamos, ya no las colocamos en ningún pedestal. Los lugares que una vez frecuentábamos, no tenemos ni el menor deseo de visitarlos de nuevo. Los hábitos que una vez teníamos, los desechamos. Las metas que una vez fijamos, ya no parecen ser importantes.

Desde el inicio de mi preparación para ser predicador sabía que no lo quería ser. Me parecía que mientras más predicadores conocía, más hallaba hombres que eran administradores y no realmente hombres muy espirituales.

Mientras estaba en el seminario conocí a un hombre que no era la norma. Alguien me dio una grabación muy antigua de un sermón del Dr. W.A. Criswell. Me dije:

«Tengo que oír a este hombre en persona». Annie y yo nos fuimos a su iglesia en Dallas un sábado por la noche, alrededor de cincuenta kilómetros del lugar en donde estudiábamos en Fort Worth, porque quería asistir al culto allí a la noche siguiente y quería estar seguro de conocer el camino. Entramos en la Primera Iglesia Bautista de Dallas un sábado por la noche y quedé estupefacto. Jamás había estado en un templo tan enorme en toda mi vida. Recorrimos el lugar y pasamos algún tiempo en oración. Y a la noche siguiente regresamos para el culto.

Jamás había visto al Dr. Criswell antes de aquella noche, pero cuando Él se puso detrás del púlpito y abrió su Biblia en Romanos 5.1-2 y empezó a predicar: «Esta gracia en la cual estamos firmes», la emoción me llenó. Sabía que había hallado alguien que predicaba de la manera que había soñado que debía ser la predicación. El Dr. Criswell fue más un motivador, un modelo para mí, que ninguna otra persona que encontré en el seminario. Le vi como un hombre inmerso en la Palabra y que predicaba con entusiasmo.

El Dr. Criswell se erguía en agudo contraste a la mayoría de mis profesores en el seminario, algunos de los cuales estimaba que no tenían mayor compromiso con el evangelio y otros que parecían que tenían más bien la intención de meternos a todos los seminaristas en un molde. Sobre todo, me sentía inquieto y espiritualmente frustrado en el seminario. Trataba de continuo ajustarme a lo que creía. La mayoría de las veces concluía con lo que no creía.

Sólo la inquietud interna y la frustración espiritual que Dios da puede conducirlo al punto de volver a examinar sus prioridades en la vida y de eliminar las cosas extrañas, sin importancia o que no son la voluntad de Dios para usted.

Cuarto, cuando experimente una intranquilidad en su espíritu, espere que el Señor le dé algunas impresiones fuertes, o señales, en su espíritu que le guíen en su sendero.

La intranquilidad o la frustración espiritual que Dios da con frecuencia se manifiesta en una fuerte impresión de que «esto es lo que se debe hacer», o «este período o fase se acabó», «este es el momento de dar el paso», o «este es el siguiente paso». He experimentado muchas manifestaciones de esto en mi espíritu a través de mi ministerio. Cada vez que el Señor ha tratado conmigo de una manera un poquito diferente, el modelo general ha sido un picor interno que no ha pasado sino hasta que oro y tomo la decisión de que eso era lo correcto a los ojos de Dios. Experimenté por primera vez esta inquietud que Dios da cuando estaba en el seminario.

Enfrentándome a la perspectiva de graduarme del seminario, no sabía a dónde ir. No tenía ni la menor idea de cómo conseguir una iglesia que pastorear, ni conocía a nadie que pudiera recomendarme a alguna iglesia, ni que lo hiciera. También pensaba que si necesitaba de una recomendación, algo andaba mal. Mi constante oración era: «Señor, confío en ti».

Al finalizar nuestro segundo año en el seminario, Annie y yo decidimos pasar el verano trabajando para la Junta de Misiones Domésticas en California; hice planes para predicar y Annie para cantar. Un sábado por la mañana empezamos a orar juntos respecto al verano y llegamos a sentir tal impresión que oramos todo el día. Al final del mismo llegamos a la conclusión de que Dios no quería que fuéramos a California. Pero, ¿entonces qué?

El papá de Annie le había regalado una preciosa propiedad junto al Lago Lure, en Hickory Nut Gorge, Carolina del Norte. Puesto que no teníamos planes definitivos, nos fuimos allá para pasar el verano descansando. Después de cuatro años de trabajar y estudiar en la universidad, y dos años de seminario, realmente apreciaba un par de meses de descanso.

El último mes que estuvimos allí nos fuimos a pescar un día y un hombre me llamó desde el muelle. Me dijo que su pastor estaría dos semanas fuera de la ciudad y me preguntó si podía predicar en su iglesia. Le dije: «Por supuesto». No había predicado mucho y me sentía incapaz como predicador. Pero ese día me sentí impulsado a aceptar su invitación sin vacilar.

Al siguiente domingo fuimos al pueblo de Fruitland, cerca de Hendersonville, y prediqué. El domingo siguiente el pastor estaba presente en ambos cultos y después del culto de la noche un grupo, incluyendo al pastor, se reunió con nosotros. Hacía cuarenta y siete años que el pastor, Noah Abraham Melton, había estado allí y esa noche me dijo que se preparaba para la jubilación y que el grupo quería que yo fuera el siguiente pastor.

—Pero aún me falta un año en el seminario —les dije.

—Le esperaremos —contestaron.

—No, ustedes no quieren eso —respondí.

—Vamos a construir una casa nueva para el próximo pastor, de modo que usted bien puede regresar a estudiar un año más —contestó el pastor—. Estamos dispuestos a esperar y tendremos lista la casa para ese entonces.

—Pues, bien. Tengo que pensar y orar sobre el asunto.

En un par de semanas regresamos al seminario. Poco tiempo después recibimos una carta de la iglesia diciéndonos que los miembros habían aprobado unánimemente que fuera su próximo pastor.

Durante esa época de mi vida tenía muy poca información sobre los bautistas y no me interesaban las denominaciones como tales. Todo lo que quería era predicar el evangelio.

Mi asociación con la iglesia bautista comenzó cuando tenía alrededor de quince años. Empecé a salir con una muchacha bautista y asistía a la iglesia con ella los domingos por la noche. Durante ese tiempo el pastor de la iglesia pentecostal a la cual asistía se jubiló. Le pregunté a mi madre qué pensaba de la posibilidad de que me uniera a la iglesia bautista, y ella dijo: «Si en la iglesia bautista puedes tener una vida tan santa como en la Iglesia Pentecostal de la Santidad, no hay problemas conmigo». Tuve que pensar en sus palabras por un tiempo. A mi manera de verlo en esa época, estar en la Iglesia Pentecostal de la Santidad era la mejor santidad que una persona pudiera tener. En comparación, estar en una iglesia bautista era casi como haberse descarriado.

Mi maestro de la Escuela Dominical en la iglesia bautista era un agente de bienes raíces que fumaba enormes cigarros. Las lecciones eran algunas veces tan malas que me iba de la clase. El pastor, en contraste, el Rvdo. Hammock, predicaba en realidad de la Biblia. Era un gran ganador de almas y un hombre genuinamente bueno. A la larga, el ejemplo del pastor Hammock ganó y me uní a la iglesia.

Asistir a la iglesia bautista durante mis años en la secundaria y universidad era una cosa. Mi compromiso real nunca fue con la iglesia, sino con Jesucristo. Convertirme en pastor bautista era hacer un compromiso mucho más serio con la denominación. Oramos por mucho tiempo antes de concluir que estábamos dispuestos a aceptar el llamado.

Además del llamado de la iglesia en Fruitland, recibí una llamada del presidente del Instituto Bíblico Bautista de Fruitland, en donde el pastor Melton había enseñado y me preguntó si estaría dispuesto a enseñar homilética, predicación y evangelización en el instituto. Cada uno de los ciento sesenta estudiantes matriculados era un pastor ordenado, de mayor edad que yo y con experiencia. Pensé: *Señor, ¿qué ocurre?* Al mismo tiempo, sentí la impresión de que eso era lo que Dios quería que hiciera.

Un día, mientras hojeaba libros en una librería cerca al seminario, encontré un libro de R.A. Torrey, *The Holy Spirit—Who He Is and What He Does* [El Espíritu Santo: Quién es y lo que hace]. No creía tener dinero suficiente para comprar el libro, de modo que me iba a la librería y leía una pocas páginas. Luego volvía a poner el libro en el estante y regresaba otro día para leer otras páginas más. Eso ocurrió hasta que decidí que tenía que adquirir el libro. Lo devoré.

Cuando mencioné el tema del Espíritu Santo en mi clase de teología, sin embargo, me ridiculizaron tanto que al final hice una cita para hablar con mi profesor de teología.

—Quiero hablar acerca del Espíritu Santo —le dije.

—Cuando fuiste salvado, recibiste todo lo que hay de Él —me respondió.

—Pues bien. Tengo que tener una respuesta mejor que esa.

Discutimos mucho y al final me dije: *Señor, sólo me queda confiar en ti.*

Creía de forma vital en mi necesidad de ser lleno con el Espíritu Santo y de tener alguna clase de ungimiento de Dios para hacer el trabajo que tenía por delante. Septiembre estaba en el horizonte. ¡Iba a ser llamado al pastorado, a predicar regularmente, a enseñar tres cursos a estudiantes de los que pensaba que quizás sabían tanto o más que yo respecto a las materias! Una profunda intranquilidad por tener más de Dios llenó mi corazón.

Nos mudamos a Fruitland después de graduarme en mayo. Debía empezar a enseñar en el instituto bíblico al siguiente otoño. Sabía que no estaba listo; algo me faltaba.

Oré y estudié y oré y estudié noche y día todo el verano. Mi frustración espiritual sólo creció. El viernes antes del lunes en que debían empezar las clases del instituto llegué al punto de la desesperación. Le dije al Señor: «Dios mío, tengo que ser lleno con el Espíritu Santo. ¡Cueste lo que cueste! ¡He estado orando todo el verano y no puedo enfrentarme a la mañana del lunes sin el Espíritu Santo!»

Como a las cuatro de la tarde tenía abierto frente a mí 1 Juan 5.14-15 al arrodillarme sobre la alfombra de mi estudio y le dije al Señor: «Dios mío, he hecho todo lo que sé. He orado, ayunado y llorado, y lo único que puedo hacer ahora es clamar lo que tú has dicho: "Y esta es la confianza que tenemos en Él, que si pedimos alguna cosa conforme a su voluntad, Él nos oye. Y si sabemos que Él nos oye en cualquiera cosa que pidamos, sabemos que tenemos las peticiones que le hayamos hecho"». Y sé que en aquella hora, sobre aquella vieja alfombra de mi oficina, Dios me llenó con el Espíritu Santo. Le dije a Annie: «¡Sé que algo me ha ocurrido!» Dios ha calmado la intranquilidad de mi corazón de una manera definitiva.

Entré a mi primera clase con confianza. Sabía que estaba listo. Sentía sin duda alguna que Alguien estaba en mí y que iba a obrar a través de mí. No temía a nada ni a nadie. Y los estudiantes me aceptaron al instante. Fue un gran año y el Espíritu empezó a moverse de una nueva manera en la institución.

Estuve dos años en Fruitland y me encantó cada día que estuvimos allí. Oraba y estudiaba, y predicaba y enseñaba noche y día. Todo lo que hacía era orar, estudiar, predicar y enseñar. El poco tiempo que tenía para recreación nos íbamos de cacería a las montañas o a pescar en el lago.

Un día, mientras regresábamos de Hendersonville, como a cien metros antes de llegar al puente de la carretera Fruitland, supe más allá de toda sombra de duda que mi tiempo en Fruitland había llegado a su fin. El Señor trató conmigo de una manera diferente por completo. Fue como si un intenso sentimiento se hubiera apoderado de mí, como si toda mi carga de amor por Fruitland hubiera desaparecido. La sensación fue súbita, inesperada; el mismo pensamiento de dejar Fruitland nunca antes había pasado por mi mente.

El domingo por la mañana un comité de púlpito de Fairborne, Ohio, visitó mi iglesia. El secretario ejecutivo de la Convención Bautista de Ohio vino a predicar en

Fruitland en una de nuestras semanas de énfasis espiritual y les dio mi nombre.

No supe que el comité estaba allí aquel domingo, pero varias semanas más tarde recibí una invitación para ir a Ohio. Dada mi experiencia en la carretera Fruitland, sentí como si al menos debería echar un vistazo. No quería ir, pero sentí que tenía que hacerlo. Y al final sentí que Dios nos guiaba para que aceptáramos la invitación.

El tiempo que pasamos en Ohio fue para mí como una experiencia en el desierto. El área era llana, con pocos árboles y parecía demasiado fría en el invierno, demasiado caliente en el verano. Conocí a muchos pastores jóvenes, como de mi edad, y tuvimos buen compañerismo. Era un área pionera para los Bautistas del Sur, pero estaba listo para salir en el momento que llegué. De nuevo el Señor obró de una manera única. No hubo período de intranquilidad, ni presentimiento de que íbamos a salir, ni tampoco un sentido de que se había acabado mi tiempo en Fairborne.

Me invitaron a formar parte de un grupo de pastores que irían dos semanas a predicar en Haití. Cuando iba en camino, me detuve en Miami y prediqué en una iglesia allí, por invitación de un amigo que tenía una cabaña en el área de Fruitland. Mi tío Jack vino a visitar la iglesia esa mañana. Él no era cristiano en aquel entonces, ni tampoco nunca antes me había oído predicar, de modo que le prediqué con todas mis fuerzas durante cuarenta y cinco minutos. El resultado fue que la iglesia me llamó para que fuera su pastor. De nuevo, no estaba seguro al principio, pero al orar sentimos cada vez más que la idea de mudarnos a Miami era de Dios y que Él había arreglado las circunstancias que nos llevaron allá. Sentimos una fuerte seguridad de que era el siguiente paso de Dios para nosotros.

En forma absoluta disfrutamos de cada minuto de nuestros años en Miami. Muchas veces sentí como si hubiera muerto e ido al cielo. La iglesia prosperó y creció. Estábamos cerca de la playa y apenas a una cuadra de la escuela de nuestros hijos. Salíamos como familia a acampar y a pescar. Después de estar tres años allí, sin embargo, empecé a sentir una intranquilidad en mi espíritu. Sabía que el Señor estaba labrando algo para mí, pero desconocía lo que era. Oraba y ayunaba con frecuencia, tratando de discernir lo que el Señor quería enseñarme. Jamás se me ocurrió en este tiempo que eso significaría otra mudanza. Eso estaba muy lejos de mi mente. Más bien, di por sentado que la frustración que sentía estaba relacionada con una serie de sermones que el Señor quería que predicara, pero que yo no había discernido.

Por ese tiempo predicaba sobre el libro de Gálatas y estaba llegando al capítulo 5, que trata acerca del fruto del Espíritu Santo. Batallaba con mi ineptitud para llevar adecuadamente lo que consideraba ser una vida fructífera de lunes a sábado. Me emocionaba predicar los domingos, pero el resto de la semana la emoción de ser un cristiano parecía abandonarme. No podía echarle la culpa a nadie ni a nada. Algo simplemente no marchaba bien dentro de mí.

Annie fue a visitar a su madre y mientras estaba allí compró un libro titulado *They Found the Secret* [Encontraron el secreto] del Dr. V. Raymond Edmond. Un sábado por la noche encontré el libro sobre una mesa, junto a la puerta de mi estudio. Lo tomé y leí el capítulo sobre Hudson Taylor. Hablaba sobre el pasaje de Juan 15.5 en donde Jesús dice: «Yo soy la vid, vosotros los pámpanos». El autor preguntaba: «¿Cómo es que el pámpano lleva fruto? No luchando, sino descansando en la vid».

Pensé: *¡Allí es donde estoy! Lucho cuando debería descansar.* Fue como si me abrieran los ojos. No tenía que luchar para ser cristiano. Sencillamente necesitaba descansar en Dios y permitirle que Él obrara en mí. Darme cuenta de eso fue algo impactante y de inmediato me postré sobre mi rostro en el piso de concreto del estudio, y lloré y oré. Antes de levantarme sabía que Dios había clavado profundamente una segunda estaca en mi alma; que no era yo, sino Jesús viviendo en mí el que iba a hacer su obra en esta tierra.

Ese fue un concepto totalmente nuevo para mí. Nunca había oído que predicaran sobre él. En el seminario nunca oí que lo enseñaran. Nunca me había cruzado con tal concepto en mis estudios antes de esa noche. No yo, sino Cristo en mí. El Espíritu Santo fue el que me dio el poder, pero ahora residía en mí para obrar a través de mí. Esa verdad cambió toda mi perspectiva de la vida y mi relación con Dios. Mi fe dejó de ser un asunto de Jesús y yo, sino de Jesús en mí y obrando a través de mí.

El Espíritu Santo fue el que me dio el poder, pero ahora residía en mí para obrar a través de mí.

✳

Di por sentado que la intranquilidad sentida era el Señor trayéndome a ese nuevo aspecto de crecimiento en mi relación con Él.

Aproximadamente al mismo tiempo en la iglesia enfrentábamos un desafío importante: la oportunidad de empezar una escuela cristiana. Temía hacerlo, primordialmente porque no sabía nada de cómo empezar una escuela, organizarla, convencer a la iglesia de que necesitábamos una, ni de conseguir fondos para la misma. Estuvimos orando al respecto unos seis meses. Durante un par de semanas, Annie y yo regresamos a Fruitland para orar y descansar en nuestra casa allí.

Un día, ya de regreso en Miami, estaba en nuestra sala de estar orando al respecto. Mayormente le decía al Señor cuán incapaz me sentía y todas las razones por las cuales no podíamos establecer la escuela; y entonces oí al Señor que hablaba a mi corazón, claro como el cristal: *Estas son tus alternativas. Puedes hacer lo que te digo y ver lo que haré contigo, o puedes pasar el resto de tu vida preguntándote lo que hubieras podido hacer si me hubieras obedecido.*

Le dije: «Señor, salga como salga, ¡iré adelante!» Pensé: *No voy a vivir el resto de mi vida preguntándome lo que hubiera ocurrido si hubiera confiado en Dios.* Para mí era cuestión de confianza. Y empezamos la escuela. La llamamos «Escuela Cristiana George Mueller», en honor del hombre que jamás le pidió a nadie ningún fondo para su orfanato, sino que vivió totalmente por fe y recibió todo lo que Él y el orfanato necesitaban. De nuevo, di por sentado que la intranquilidad que sentí en mi espíritu se debió a la manera que el Señor usó para guiarme a esa decisión y para establecer la escuela.

Luego un domingo un comité de púlpito de Bartow, Florida, visitó la iglesia en Miami. Ahora bien, hasta donde recuerdo, durante nuestra estancia en Miami cada domingo alguien de la iglesia nos invitaba a almorzar. Ese domingo en particular nadie nos invitó. Empezamos a salir de la iglesia y encontramos a ocho hombres esperándonos, listos para llevarnos a almorzar. Nos fuimos con ellos.

Durante el almuerzo empezaron a hacerme algunas preguntas que pensé que eran irrelevantes, de modo que al final les dije: «Escuchen, si les interesa encontrar pastor, estas son las preguntas que deben hacerle». Procedí a darles una lista. Retrospectivamente veo que sin duda alguna me promovía yo mismo en el proceso, pero esa no fue mi intención en el momento. No me interesaba ir a su iglesia. Ni siquiera sabía dónde quedaba Bartow. Simplemente quise ayudarlos.

Me dijeron que habían visitado la iglesia en Miami por primera vez hacía un año atrás. Uno de los hombres dijo:

—Cuando usted hizo la invitación y luego se arrodilló junto a la persona que pasó al frente, supimos que no podíamos tener tal cosa en nuestra iglesia —dijo. Luego prosiguió—: Hemos visitados cincuenta y una iglesias desde entonces y Dios no nos ha permitido llamar a ninguno de los predicadores que hemos oído. Sabemos que usted es la persona que necesitamos.

—No, ustedes no quieren que yo sea su pastor —les dije.

—Sí, usted es la persona que necesitamos —me respondieron.

—No quiero dejar Miami. Nos encanta vivir aquí.

—Ore sobre el asunto —fue la respuesta.

Y así lo hicimos. Y Dios nos demostró muy claramente que Él quería que nos mudáramos a Bartow, que muy pronto supimos que estaba entre Lakeland y Orlando. La frustración e intranquilidad interna experimentadas durante casi un año desapareció con esa decisión.

No mucho tiempo después que llegamos a Bartow Dios empezó a tratar conmigo de una manera diferente. Cada vez que me venía una idea para una serie de sermones, me sorprendía diciendo: «La dejaré a un lado por unos pocos meses», y Dios decía: *No, predícala en seguida*. Había una urgencia respecto a nuestra estancia en Bartow que nunca antes experimenté.

Hacía once meses que vivíamos en Bartow cuando fui a Alexandria, Virgina, para predicar en una campaña de una semana en la iglesia de un amigo. Cada noche después del culto, cuando regresaba a mi habitación, sentía una gran agitación dentro de mí. Persistía en decir: «Dios mío qué está sucediendo? Por favor, ¡muéstramelo!»

El miércoles de aquella semana saqué un bloc y tracé un círculo con cinco líneas saliendo del mismo. Al denominar cada línea consideré que Dios debía estar listo para:

◆ hacer algo en mi vida.
◆ cambiarme.
◆ mudarme.
◆ hacer algo nuevo en mi ministerio.
◆ ?

Puse un enorme signo de interrogación al final de la quinta línea para indicar que tal vez Dios iba a hacer algo de lo cual nunca había pensado.

La siguiente noche, al arrodillarme y empezar a orar, supe en mi corazón que Dios me decía: *Te voy a mudar.*

Le pregunté: «¿Cuándo?» Me pareció como si ante mis ojos apareciera una pantalla de aquellas sobre las que se proyectan transparencias y sobre la pantalla una palabra. La palabra estaba escrita diagonalmente, partiendo de la esquina izquierda inferior y dirigiéndose a la esquina derecha superior y llenando la pantalla con enorme letras negras... SEPTIEMBRE.

Estamos en abril, pensé. *Quizás sea para el* próximo *septiembre. He estado en Bartown apenas once meses.* A la noche siguiente, cuando me postré para hablar más con Dios, era como si

Él hubiera desaparecido. Regresé a casa al acabar la campaña en Alexandria y le conté a Annie lo que había pasado.

El lunes siguiente por la mañana estaba sentado frente a mi escritorio, en mi estudio, cuando el teléfono sonó. Era mi amigo Felix Snipes. No había oído de él en varios años.

—¿Cómo te va? —me preguntó.

—Muy bien, Felix. ¿Cómo estás?

—Quiero hablarte respecto a algo de lo cual nunca has pensado —me contestó.

Mi mente de inmediato regresó a aquel enorme signo de interrogación que dibujé en el papel en la habitación del hotel en Alexandria.

—La gente me ha estado preguntando a quién recomendaría como pastor asociado para nuestra iglesia y tú eres la única persona en la que puedo pensar —dijo Felix.

—¿Por qué, Felix? Posiblemente hay cincuenta personas en las que podrías pensar.

—Pero el tuyo es el único nombre que me sigue viniendo a la mente —contestó mi amigo y pasó a describirme la situación en su iglesia.

—Felix, no tengo el menor interés —respondí—. En primer lugar, me pides que sea un pastor asociado y no me interesa serlo. Todavía más, no me sentiría cómodo siendo el pastor asociado de un pastor liberal. Y además de eso, me encanta vivir aquí en Bartow.

—¿Orarás por esto? —preguntó.

—Seguro. Oraré al respecto.

Colgué el teléfono y prorrumpí en lágrimas. Pensé: *¿Qué es lo que Dios está haciendo?*

Un par de semanas más tarde un comité de púlpito apareció en la iglesia en Bartow. Les dije: «No, no tengo ningún interés».

Cada semana, a partir de ese día, alguien de la iglesia me llamaba y siempre les decía: «No me interesa». Finalmente, uno de los miembros del comité de púlpito llamó y dijo: «¿Podemos ir para visitarle otra vez?»

«Detesto verles perder su tiempo; pero si quieren venir, pueden hacerlo», respondí.

En esa visita vinieron once personas incluyendo el pastor principal, quien al reunirnos, se sentó a la cabeza de la mesa. El grupo hizo su presentación y luego el pastor dijo:

—Pues bien, ¿cuál es su respuesta?

—No puedo darles una respuesta. Dios va a tener que decírmela —les dije.

—Bien, ¿y qué es lo que Dios va a tener que decirle? —me preguntó el pastor.

—Va a tener que demostrarlo tan claramente al punto de que no pueda seguir aquí ni un día más.

Mi lucha principal era la palabra SEPTIEMBRE que vi con tanta claridad en la visión en Alexandria. Septiembre se acercaba y yo no había oído de ninguna otra iglesia excepto esta que persistía en llamarme desde Atlanta.

Hasta ese entonces nunca había estado en Atlanta, como no sea de camino por la vieja carretera 29 que pasa por la montaña Stone. Mientras oraba un día vi como si fuera el perfil de Atlanta con una nube negra colgando sobre la ciudad. Le dije a Annie: «Si vamos allá, va a ser un tiempo duro».

Tanto como no quería ir a Atlanta, no podía dejar de orar por Atlanta y finalmente le dije a Dios: «Señor, si en realidad quieres que vaya a Atlanta, iré, pero no me gusta el asunto y no quiero ir». Rezongué todo el camino a Atlanta. Y a pesar de lo mucho que no quería ir, el día que dije que iría, la agitación interna en mi espíritu cesó.

ADOPTAR UNA POSICIÓN DE OBEDIENCIA

Al mirar hacia atrás, a los varios lugares en los cuales el Señor nos ha guiado a ministrar, Fruitland, Fairborne, Miami, Bartow, Atlanta, puedo ver una progresión real. Cada lugar fue una preparación para lo que encontraríamos en el siguiente. Cada lugar me permitió aprender ciertas lecciones respecto a cómo Dios obra y cómo es.

Lo que me impulsaba no era un deseo de tener éxito, sino de obedecer a Dios. Sabía que Él iba a hacer algo en mi vida y que iba a hacer algo especial con mi vida. De modo que confiaba en Él.

Si usted experimenta una profunda intranquilidad en su espíritu y sabe que anda bien con Dios, también puede confiar en que Él está obrando para guiarle a su próxima lección, su próximo lugar de servicio, su próxima oportunidad. Él no le pide que logre que sucedan esos próximos pasos. Sólo le pide que sea obediente a su dirección. Puede confiar en que Él colocará a las personas precisas y las circunstancias precisas en su paso.

De muchas maneras vivir en la voluntad de Dios es como viajar en una balsa por un río. Hay rocas que evitar. Hay ocasiones cuando debe poner su remo en el agua para ayudar a dirigir la balsa según la corriente y alejarla del peligro. Hay lugares del camino en los cuales detenerse. Pero, sobre todo, no hay que esforzarse para flotar corriente abajo. El río es una creación de Dios; corre de acuerdo a sus principios. Usted sencillamente debe colocarse en la balsa de Dios y confiar en que Él le dará la fuerza y la sabiduría para realizar con éxito el viaje de la forma en que Él lo ha dispuesto.

Una mujer se me acercó un domingo después del culto y me dijo: «¿Cree que una persona puede vivir por fe y seguir fijando metas?»

Le dije: «No lo sé. Tengo que pensar un poco sobre el asunto».

Me fui a casa esa tarde y pasé varias horas buscando en mi Biblia alguna respuesta a su pregunta. Llegué a la conclusión de que sí, una persona puede vivir por fe y aun así fijarse metas. Pero este es el punto crucial del asunto: *Las metas deben ser las mismas de Dios para su vida.*

Sin duda habrá ocasiones cuando Dios le diga: *Esto es lo que quiero que hagas y estos son los pasos que debes dar para llegar allá.* Ese llamado de Dios llega a ser una meta. Es lo que usted trata de hacer o lograr para el Señor.

Hay muchos otros pasajes en la Palabra de Dios, donde el Señor nos prescribe la manera en general en la cual vivir. Debemos vivir de cierta manera... y aprender a vivir como Jesús vivió requiere disciplina. Tal vez necesitamos fijar metas personales para adquirir más disciplina en nuestras vidas.

En otras áreas de nuestras vidas necesitamos olvidar algunas cosas que hemos aprendido y desarrollar una nueva manera de pensar. Quizás necesitamos estudiar algo en particular o buscar los principios de Dios para ciertos aspectos de nuestras vidas. Nuestro tema de estudio puede ser una meta.

Incluso en otros aspectos de nuestras vidas a lo mejor necesitamos desarrollar nuevos hábitos para reemplazar los viejos que no se ajustan a la Palabra de Dios. De nuevo, esto requiere disciplina. Algunas veces tenemos que esforzarnos diligentemente para volver a prepararnos de modo que nuestra respuesta automática a algunas situaciones sea una que agrade a Dios.

Todos estos cambios en la manera en que ejercemos nuestra voluntad pueden expresarse en términos de metas.

No estoy del todo opuesto a fijar metas, pero sí creo que es beneficioso que nos preguntemos a menudo si las que fijamos son nuestras, manufacturadas por nosotros mismos, o si son en verdad las que el Señor tiene para nosotros.

Las siguientes son algunas preguntas que me hago al fijar metas:

◆ «¿Me llevará a donde quiero ir, es decir, a una relación más profunda e íntima con Dios, o a lograr algo que Dios me ha dicho que haga?»

◆ «¿Ayudará a alguna otra persona a obtener éxito?»

◆ «¿Tengo que violar algún principio espiritual para llegar allá?»

◆ «¿Cumplirá el propósito de Dios para mi vida?»

SENTIRSE INCAPAZ DE ENFRENTAR EL LLAMADO DE DIOS

De tiempo en tiempo conozco personas que me dicen: «Pienso que oí a Dios pidiéndome que haga algo, pero tengo dificultades con lo que me ha llamado a hacer. Me siento totalmente incapaz para la tarea». Considero esto buenas nuevas y no malas.

Si usted está en una posición en la cual sabe que *no puede* hacer algo por sus fuerzas y que fracasará a menos que confíe por completo en Dios para obrar *en* usted y *a través* de usted, ¡está en la mejor posición para realizar la tarea! Estos son días emocionantes. Son días en los cuales Dios le hará extenderse, le hará crecer y le transformará en una persona de fe aun mayor.

Dios sabía, antes de pedirle que hiciera algo, que no podría hacerlo solo. Su deseo es que usted acuda a Él y le diga: «Dios mío, no puedo hacer esto. Tú puedes. Estoy dispuesto a que me uses y estoy dispuesto a hacer lo que me digas, pero tú tendrás que proveerme toda la energía, las ideas, los recursos y el talento para hacerlo». La persona que en verdad dice esto con un corazón humilde delante de Dios va a ser la que Dios usará con poder para lograr sus propósitos.

El Señor a menudo nos muestra un cuadro general de lo que debemos hacer y ese amplio vistazo tiende a intimidarnos y asustarnos. Tenemos que darnos cuenta de que el Señor no nos deja con una meta gigante o un plan enorme, Él provee la dirección para cada uno de los pequeños pasos necesarios para alcanzar la meta grande.

Pídale al Señor que le muestre el primer paso que debe dar hacia la meta. Reconozca que será un solo paso. Sea paciente consigo mismo y con la obra del Señor en usted. Haga, con todas sus fuerzas, talentos y poder, lo que Él le muestra que debe hacer. Y luego busque el segundo paso que Él le guía a dar.

El Señor no nos catapulta a la grandeza; nos hace crecer a la madurez espiritual.

Nos estira con mucha lentitud de modo que no nos quebremos.

Expande nuestra visión muy lentamente, de modo que podamos captar todos los detalles de lo que Él desea lograr.

Nos hace crecer con mucha lentitud de modo que crezcamos equilibradamente.

La revelación del plan de Dios para nuestras vidas es un proceso. Espere participar en ese proceso por el resto de su vida.

Cuidado con llegar al punto de decir: «Ya basta. Estoy cómodo con esto. Estoy satisfecho con lo que se ha hecho. He llegado».

Dios nunca se ha comprometido en dejarnos estancados. Su deseo es que continuemos creciendo incluso más a semejanza de su Hijo, Jesucristo. ¡Esto es una jornada para toda la vida! Ninguno de nosotros jamás llegará plenamente a tal punto, pero siempre estamos avanzando hacia él.

Dios hará lo que sea necesario para aguijonearnos hacia sus lugares más altos. Nos intranquilizará con el lugar en donde estamos. Nos hará sentir más hambre y sed de Él. Nos hará desear cosas que nunca soñamos en nuestra relación con Él.

Aun cuando debemos desarrollar buenas relaciones y construir proyectos significativos dondequiera que estamos, también debemos adoptar un estado de disposición para avanzar si eso es lo que Dios desea de nosotros. Insisto, podemos confiar en que Dios nos guiará a algún otro lugar sólo si eso es para nuestro beneficio y para el beneficio de otros.

Por todas las Escrituras vemos al Señor llamándonos viajeros, peregrinos, caminantes. El cielo es nuestra última morada y hasta que no lleguemos allá todo es un viaje. Nunca debemos sentarnos ni darnos a la indolencia ni quedar satisfechos de tener suficiente de Dios, ni que lo conocemos con suficiente intimidad, ni que Dios ya ha terminado su obra en nosotros.

Cada día de nuestras vidas, continuamente Él está construyéndonos, sometiéndonos al proceso de transformación, de reconstrucción.

La disposición al crecimiento es un desafío para muchos. La mayoría somos criaturas de hábitos. Nos resistimos al cambio. Algunas veces nos enfurecemos contra Dios cuando Él vuelca nuestras carretillas de manzanas o trastorna nuestros planes trazados con tanta meticulosidad.

Si está enfadado con Dios por los cambios que Él le está dirigiendo a hacer, o por las nuevas sendas que le está mostrando para que camine, puede expresarle su ira. Él es lo suficiente grande como para soportarlo. Será parte de la franqueza que debe tener ante Dios respecto a cómo se siente.

Puede decirle al Señor: «No comprendo esto. No me gusta. No estoy contento con esto. Estoy enfadado». Su cólera no cambiará la manera en que Dios siente respecto a usted. Tampoco cambiará sus planes. A lo mejor se siente mejor al ventilar sus sentimientos. Y, a la larga, admitirá: «Sí, tal vez sea lo mejor». Un día podrá mirar hacia atrás y decir: «Me alegro de que Dios me llevó por ese camino».

Considere cómo los padres se relacionan con su hijo. El hijo tal vez no quiera hacer lo que sus padres le dicen, es más, la mayoría de los hijos ni siquiera quieren que sus padres les digan qué hacer. Se quejan persistentemente. Y sin embargo el padre no quiere menos al hijo. Y si el padre es sabio, no cederá en asuntos que sabe que la decisión es lo mejor para el hijo.

Tal vez no nos guste hacer la voluntad de Dios, pero, insisto, al seguir al Señor no andamos por sentimientos. Andamos por fe en lo que Dios dice que es lo mejor para nosotros. Es adecuado, e incluso bueno y saludable, que ventilemos nuestros sentimientos. No es bueno que pequemos ni nos alejemos voluntariamente del plan de Dios. Al final, debemos hacer lo que Dios nos llama a hacer y cambiar de la manera en que Dios nos pide que cambiemos, si es que vamos a experimentar verdaderamente lo mejor de Dios, que será lo que llegaremos a conocer como la manera más gozosa, satisfactoria y con propósito de vivir.

ESPERE GOZO MÚLTIPLE AL OBEDECER LA VOLUNTAD DE DIOS

Obedecer la voluntad de Dios en su vida a la larga incluirá alguna forma de dar. Algunas veces esto duele.

Un domingo en 1980 recibimos dinero para la nueva propiedad de nuestra iglesia y la gente pasaba al frente para ofrendar toda clase de artículos: automóviles, casas, propiedades. Una mujer pasó al frente y se quitó una enorme pulsera de oro y la puso en mis manos. Me dijo: «Esto es lo más valioso que tengo». (La pulsera era, en verdad, valiosa. Se vendió por $17,000 cuando la pusimos en el fondo para el edificio de la iglesia.)

Hasta ese momento mi pensamiento era que nuestra familia había dado todo lo que posiblemente podíamos dar: vendimos un automóvil y nuestra casa móvil y dimos el dinero para el fondo del edificio. Cuando la mujer colocó el brazalete de oro en mis manos, sin embargo, el Señor me habló al corazón y me dijo: *Nunca me has dado algo que no sea dinero.*

Mis pensamientos se fijaron de inmediato en mis cámaras. Ahora bien, me encanta tomar fotografías. Ese es mi pasatiempo. Prefiero andar por ahí tomando fotografías antes que cualquier otra cosa, como no sea predicar y estar con el pueblo de Dios. Con el correr de los años había adquirido un equipo considerable de cámaras. Pensé: *Ah, no, Señor, me pides demasiado.* Pero supe al instante que tenía que vender mis cámaras.

Al día siguiente reuní todo mi equipo de cámaras y lo llevé a un amigo que compraba y vendía equipos fotográficos usados.

—Vengo a venderte mi equipo —le dije.

—¿Por qué haces tal cosa? —me preguntó.

—Pues, vamos a comprar una propiedad para la iglesia y el Señor ha puesto en mi corazón que debo dar cierta cantidad. Vendí un automóvil y mi casa móvil y dimos el dinero, pero todavía necesito dar más. ¿Cuánto me podrías dar por mis cámaras? Sé que me darás lo que es justo.

Sentí con fuerza que debíamos dar al menos $5,000 más de lo que ya habíamos dado. Había ahorrado alrededor de $1,600. El propietario del almacén de cámaras se dirigió a su oficina y calculó cuánto podía darme por mis cámaras, y al regresar dijo:

—¿Qué tal te parece $3,240?

—Perfecto.

Di los $5,000 en el siguiente culto. Durante dos o tres semanas después de eso, sin embargo, me sentía como si hubiera perdido algo. Había dado mis cámaras, pero emocionalmente todavía me aferraba a ellas. El día llegó cuando el Señor me recordó el versículo bíblico que dice: «Porque donde esté vuestro tesoro, allí estará también vuestro corazón» (Mateo 6.21). Tuve que preguntarme: «¿Está mi corazón todavía atado a mis cámaras, o está ligado a lo que Dios está haciendo?» Decidí que debía escoger, con mi propia voluntad, ligar mi corazón a lo que Dios estaba haciendo en nuestro medio antes que a una colección de disparadores, lentes y películas.

En ese momento le entregué verdaderamente mis cámaras al Señor. Se las entregué con todo mi corazón y me convertí en un dador alegre ante Él.

Varios meses después una mujer tocó el timbre de mi casa. Cuando contesté, me preguntó:

—¿Es usted Charles Stanley?

—Así es, señora.

—¡Tenga! —me dijo y me entregó una maleta y una bolsa de papel. Luego se alejó.

—¿Qué es esto? ¿Por qué me lo da? —empecé a preguntarle, pero ella se fue antes de que acabara de pronunciar mis preguntas.

Metí la maleta y la bolsa de papel en la casa y encontré en ellas hasta el último adminículo de mi equipo de cámaras que había vendido y entregado al Señor. Cada cámara, cada lente y cada filtro.

Me dirigí a la tienda y el propietario al mirarme me dijo:

—¡No me lo preguntes!

Prometió que nunca revelaría la identidad de la persona que compró todo mi equipo y me lo devolvió.

Tuve un gozo *triple* a partir de la experiencia de dar mis cámaras. El gozo sencillo fue la alegría genuina de darle al Señor aquellas cámaras, de dárselas de verdad, con todo mi corazón, como una ofrenda sacrificial de un tesoro para la casa de Dios. Ese gozo hubiera seguido conmigo toda mi vida, incluso si nunca hubiera vuelto a ver esas cámaras. Pero así no es como obra Dios. Su Palabra dice: «Dad, y se os dará; medida buena, apretada, remecida y rebosando darán en vuestro regazo; porque con la misma medida con que medís, os volverán a medir» (Lucas 6.38). El Señor podía haber decidido restituirme lo que Él quisiera. No estaba obligado a devolverme esas cámaras. Y sin embargo, a Él le plació y yo tuve el doble gozo de recibir de regreso mi equipo de cámaras.

El triple gozo ha venido en años recientes conforme el Señor me ha permitido publicar varios libros que incluyen fotografías que he tomado.

No puedo evitar recordar a Simón Pedro prestándole su barco a Jesús. Él, también, experimentó un gozo múltiple. Pedro tuvo el gozo de darle su barco a Jesús para que Él pudiera usarlo como un púlpito cerca de la playa y enseñar a las multitudes desde allí. Luego Jesús devolvió el barco a Pedro, pero con la orden: «Boga mar adentro, y echad vuestras redes para pescar» (Lucas 5.4). Después de protestar, Pedro hizo lo que Jesús le dijo y él y sus compañeros atraparon tal cantidad de peces que sus redes se rompían y sus barcos por poco se hunden.

A partir de esa experiencia Jesús llamó a Pedro a que le siguiera. Le dijo: «Desde ahora serás pescador de hombres» (Lucas 5.10).

No sabemos cómo se sintió Pedro al darle el barco a Jesús, pero sí sabemos que Pedro sin duda no se sentía con ganas de bogar mar adentro para aquella pesca. Dijo a regañadientes: «Maestro, toda la noche hemos estado trabajando, y nada hemos pescado; mas en tu palabra echaré la red» (Lucas 5.5). También sabemos que la respuesta de Pedro a la pesca milagrosa fue de asombro y temor. Pedro cayó de rodillas ante Jesús, diciendo: «Apártate de mí, Señor, porque soy hombre pecador» (Lucas 5.8).

El punto, sin embargo, es que Pedro obedeció al Señor en ambos casos. Llevó su barco al mar. Siguió a Jesús. Y, al hacerlo, el Señor le condujo a una senda enteramente nueva: una que iba a durar toda la vida de Pedro.

Al final, debemos hacer como Pedro. Somos llamados a obedecer, sin importar cuántos cambios en nuestras vidas impliquen los cambios de Dios. Somos llamados a dar. Cuando lo hacemos, el Señor multiplica nuestro gozo y nos da un sentido de satisfacción.

HAGA SUYO EL PLAN DE DIOS

A inicios de mi ministerio me crucé con una declaración de Oswald Chambers que dice: «Haz de tu meta final tu relación personal con Él». Sé que si mi relación con Dios es la correcta, podré oírle y saber su dirección. Si me alejo del camino, Él me va a traer de nuevo a la senda.

Ahora bien, el Señor puede permitirme que me aleje del camino, sufra, lastime y destroce para mi propio bien, pero no va a dejar que me aparte de su voluntad durante toda mi vida si es que en realidad procuro tener una relación apropiada con Él. La convicción del Espíritu Santo siempre va a estar allí, halándome y tirándome para que regrese al camino que Él ha establecido para mi vida.

Creo firmemente que si Dios está en control de mi vida, va a mostrarme qué hacer. Puedo hacer mis planes, pero es mejor ser receptivo a los suyos. Al final, quiero que mi plan sea el suyo.

Una manera en que Dios me habla es mediante la repetición. Una idea me viene como una fuerte impresión. Esa impresión volverá una y otra vez hasta que se convierta en una preocupación. La preocupación no me deja sino cuando crece y se convierte en convicción. La convicción se profundiza cada vez más hasta que no hay manera de escaparme de ella y olvidarla. Con la convicción me viene una certeza a la cual puedo apostar mi vida.

Nunca les pido a otras personas que me autoricen para hacer algo para lo cual no estoy dispuesto a arriesgar mi vida. Tengo que estar así de seguro de que estoy en la voluntad de Dios antes de pedir alguna autoridad para realizar acciones que involucren a otras personas.

Hace algunos años le pedí a la iglesia que me autorizara para comprar toda la propiedad que necesitábamos, sin decirles a dónde iba a estar ni cuánto iba a costar. Me concedieron tal facultad.

Por mi parte, sabía que no iba a tratar de comprar ninguna propiedad a menos que Dios me dirigiera a ella, me pusiera la convicción en el corazón y proveyera el dinero. Conforme Él empezó a dirigir, hice la compra a nombre de la iglesia. ¿Cuál fue el resultado? Con el correr de los años compramos más propiedades alrededor de la iglesia, en el centro de Atlanta, y la ganancia más que triplicó la cantidad invertida.

Muy a menudo el Señor no nos muestra el plan completo ni todos los detalles. Simplemente hacemos lo que Él nos dice que debemos hacer a continuación. Le pedimos que nos dirija y hacemos lo que Él nos muestra que debemos hacer de inmediato. Después de hacerlo, confiamos en su dirección y luego damos el siguiente paso que nos revela.

CONFIRME LA VOLUNTAD DE DIOS

Al andar debemos buscar continuamente la confirmación de que lo que hacemos en realidad es la voluntad de Dios. De algunas maneras es como viajar por una ruta por la cual nunca hemos pasado antes. A cada momento miramos las señales de la carretera, las cuales confirman que estamos en el camino correcto.

Repito, creo que es especialmente importante buscar confirmación de algo que cree que es la voluntad de Dios en cuanto a asuntos en los cuales hay otros involucrados. Si Dios le revela algo como lo apropiado para hacer, también se lo revelará a otros de los involucrados. Y, ¿cómo comprobarlo?

◆ Busque algún incidente en la Palabra de Dios que le confirme que usted está actuando en la voluntad de Dios. Si lo que cree que Dios le dice es contrario a la Palabra de Dios, está leyendo equivocadamente la voluntad de Dios. La voluntad de Dios para usted hoy siempre estará en línea con su Palabra eterna. Asegúrese de que lo que descubre en ella es un principio divino y no un simple ejemplo en la vida de alguna otra persona. Si es un principio de Dios, aparecerá en más de un lugar en la Palabra de Dios.

◆ Busque el consejo de consejeros sabios y dignos de
confianza. Converse con personas de oración acostumbradas a oír la voz de Dios, que conocen la Palabra de Dios
y que en su corazón quieren lo mejor para usted. Busque
personas que le dirán la verdad y no sólo le dirán lo que
piensan que usted quiere oír.

A veces Dios tal vez le envíe un consejero sabio que no
espera. Hace unos pocos meses alguien se me acercó
después de una reunión de una junta y mencionó un asunto
que no se había tratado en dicha reunión. Me dijo: «Usted
tiene que hacer algo en cuanto a esto».

Por algún tiempo había estado sintiendo en mi corazón
que necesitaba hacer algo respecto al asunto mencionado,
pero no había estado seguro de lo que debía hacer o cuándo
debía actuar. Sus palabras: «Usted tiene que hacer algo»,
fueron un consejo sabio. Acepté sus palabras, que me
vinieron inesperadamente y por su propia iniciativa, no la
mía, como una señal de Dios que me dirigía a que actuara.

No soslaye la presencia de consejeros sabios que Dios
tal vez ya haya colocado en su medio. Muchas veces vemos
a los líderes de corporaciones buscando consultores extra-
ños para que les ayuden a resolver los problemas internos;
no puedo menos que asombrarme si quizás su propio
personal no podría darles el consejo más acertado y mejor.

Si enfrentamos una decisión de importancia en la
iglesia o en el ministerio de radio y televisión «En contacto», siempre pongo el asunto sobre el tapete frente a todo
el personal. Todos los presentes saben que es correcto
decir algo y cada cosa relevante del asunto. Durante todo
el tiempo, mientras se trata el asunto, me siento y escucho.
Es como si el Espíritu Santo estuviera escudriñando la

información delante de mí. También escucho dentro de
mí a lo que el Señor me dice interiormente. Si algo está
dentro de la voluntad de Dios para nosotros como ministerio, hay casi siempre un consenso de que es correcto
realizar la acción y hay acuerdo respecto al tiempo de
realizarla. Si algo no es la voluntad de Dios, uno o más de
nosotros tendrá serias reservas en su espíritu. Sentiremos
como que si Dios nos estuviera diciendo: *No*, o *No ahora*,
o *Hagan más bien esto*.

Por último, soy el responsable de la decisión final y soy
el que tiene que vivir con las decisiones que tomo.

ASUMA LA RESPONSABILIDAD POR SUS DECISIONES

Esto es cierto en cada persona. Usted es el único que
va a tener que vivir con las decisiones que tome. Es el único
que va a tener que decir: «Sí, Dios está en esto», o «No,
Dios dice otra cosa». Nadie más es responsable de los
movimientos que usted haga en la voluntad de Dios; ni su
pastor, ni su consejero espiritual, ni su cónyuge, ni su
familia, ni sus hijos. Es por eso que es tan vital que aprenda
a oír la voz de Dios por usted mismo y que aprenda a cómo
confirmar lo que le dice.

Hace pocos años hallamos una propiedad que parecía
adecuada para las necesidades que enfrentábamos en ese
entonces en nuestro ministerio «En contacto». El precio
de la propiedad era $2,750,000; una cantidad conside-
rable. Todas las señales parecían indicarnos que procedié-
ramos y algunos del personal administrativo estaban de
acuerdo en que esa propiedad parecía ser la mejor.

Cada vez que oraba respecto a la compra, sin embargo, sentía que Dios me hablaba en mi espíritu: *No lo hagas*. Le dije al personal: «No vamos a comprar esa propiedad». Me preguntaron por qué y les dije que Dios me decía que no. Les sugerí que al irse oraran durante dos días respecto a la compra. Sabía que si el Señor verdaderamente me estaba hablando, también les hablaría a otros involucrados en la toma de la decisión. Él les mostraría que la compra del edificio no era su plan. Al orar esos dos días, se lo reveló a ellos. ¡El resultado final fue que Dios nos guió a una propiedad aún mejor y soberanamente proveyó por medio de una ofrenda el dinero con el cual comprarla!

Es fácil ceder ante un grupo que favorece fuertemente algo. Es muy difícil erguirse y echar el único voto negativo. En otra ocasión mi personal estaba muy ansioso de realizar cierta acción en particular y aun cuando yo no pensaba que resultaría, decidí seguir la corriente y plegarme a la decisión. El asunto resultó un desastre. Debí haber dicho que no.

En otras ocasiones he tenido alguna idea y cuando la someto al proceso del grupo llego a percatarme de que estaba a punto de cometer una equivocación. Tengo que admitirlo y decirles: «Eso era una equivocación. Lo que sugieren es lo mejor».

La voluntad del Señor siempre va a ser una proposición en la cual todos los involucrados salen ganando. El diablo es el único que siempre va a perder cuando se trata de los asuntos relacionados con la voluntad de Dios. Debido a que la voluntad de Dios es de beneficio para todos sus hijos, Él la revela y confirma liberalmente. No dice lo que desea realizar a una sola persona y en un solo lugar y en una sola ocasión. Puede empezar diciéndoselo a una sola persona, pero a la larga lo confirmará a cualquiera que sea receptivo para oírlo.

Ahora bien, de vez en cuando sé, como líder, que necesito dar un paso audaz. Otros tal vez no han captado todavía la visión, ni tal vez han oído a Dios. En esos momentos, cuando sé que voy en contra de la marea de mis más cercanos colaboradores, casi siempre me viene un sentimiento interno tan intenso del cual no puedo escapar. Sé que debo actuar o sino estaré en desobediencia a Dios. Al mismo tiempo, tengo un fuerte sentido de ser muy vulnerable. Sé que soy el único que respalda la responsabilidad de la acción. Debo estar dispuesto a estar delante de Dios y decir: «Asumo toda la responsabilidad de esto».

DESCUBRA EL TIEMPO DE DIOS

Así como el Señor tiene algo correcto para que usted haga, una senda correcta en la cual quiere que camine y un patrón apropiado de crecimiento para su fe, también tiene el tiempo adecuado para cada paso que le guía a dar.

Una intranquilidad de espíritu a menudo se manifiesta como una tendencia de adelantarse corriendo a la voluntad de Dios. A lo mejor sabe lo que Dios quiere que haga y en su ansiedad de realizar el trabajo se olvida que Dios tiene también un calendario perfecto para realizar su voluntad.

Al recibir confirmación de que Dios quiere que usted realice una acción específica o ejecute un movimiento específico, pídale que le revele cuándo quiere que actúe o se mueva. En numerosas ocasiones hallamos en las Escrituras provecho al esperar en el Señor. Esperar quiere decir, en parte, decirle al Señor: «¿Es este el tiempo? Estoy esperando hasta que me des luz verde para proseguir».

Al leer los siguientes versículos de los Salmos, note los grandes beneficios de esperar el tiempo preciso del Señor:

Integridad y rectitud me guarden,
Porque en ti he esperado (Salmo 25.21).

Aguarda a Jehová;
Esfuérzate, y aliéntese tu corazón (Salmo 27.14).

Espera en Jehová, y guarda su camino,
Y Él te exaltará para heredar la tierra;
Cuando sean destruidos los pecadores,
    lo verás (Salmo 37.34).

A causa del poder del enemigo esperaré en ti,
Porque Dios es mi defensa (Salmo 59.9).

Si tiene el hábito de adelantarse al calendario de Dios, pregúntese: «¿Qué busco en la vida? ¿Por qué persisto en adelantarme a la voluntad de Dios tratando de conseguirlo? ¿Hacia qué me apresuro?»

¿Siente que el tiempo se acabará antes de que pueda realizar su misión? Dios tiene bajo su control todo el tiempo y la eternidad. Él no le dirigirá a hacer ningún trabajo para el cual usted no tiene tiempo de terminar.

¿Está apurado para conseguir más poder, fama o dinero, para establecer su reputación y su propio reino en esta tierra? El Reino de Dios es lo único que realmente cuenta.

Si tiene el hábito de adelantarse al calendario de Dios, pregúntese: «¿Qué busco en la vida? ¿Por qué persisto en adelantarme a la voluntad de Dios tratando de conseguirlo? ¿Hacia qué me apresuro?»

A Dios no le interesa ayudarle a edificar su propio diminuto reino.

¿Se muerde los labios por intentar dominar una nueva habilidad o demostrar una nueva capacidad? Los procesos de Dios tienen un orden y un ritmo. No se extienda demasiado al estar en el patrón de Dios para el crecimiento.

Las desventajas de adelantarse a Dios son también evidentes en toda la Biblia. Abraham y Sara se adelantaron al plan de Dios al procrear un hijo en Agar. Pedro fue notorio por adelantarse al plan de Dios, incluso al cortarle la oreja al hombre en el huerto de Getsemaní.

Jesús, por otro lado, jamás apareció demasiado temprano ni demasiado tarde. Siempre llegó en el momento preciso para estar a la par con lo que el Padre estaba haciendo.

Uno de mis pasajes favoritos de las Escrituras es el Salmo 62.1-2:

> En Dios solamente está acallada mi alma;
> De Él viene mi salvación.
> Él solamente es mi roca y mi salvación;
> Es mi refugio, no resbalaré mucho.

Aprender a esperar el tiempo de Dios es uno de los hitos de la vida cristiana madura.

¿Cómo puede saber cuándo Dios le dice: *¡Avanza, ahora!* o *¡Este es el tiempo!*?

Cuando le dice al Señor: «Confío en que me mostrarás cuándo avanzar», es la responsabilidad del Señor indicarle cuándo realizar la acción. Él plantará una urgencia en su corazón, en el sentido de que el tiempo ha llegado. Puede despertarlo a media noche con una profunda impresión de que debe actuar al siguiente día o puede poner tal convicción en su corazón respecto a cierta fecha o tiempo que usted no podrá escapar. Si busca con diligencia y espera con expectación que Dios le dé una señal, Él se la dará y usted lo sabrá cuando la experimente.

Algunas personas se apresuran a colocar vellones como hizo Gedeón, a fin de determinar la certeza de la voluntad de Dios para ellos. Dice: «Si esto ocurre, haré esto, pero si ocurre aquello, haré lo de más allá». Es como si le estuvieran dando a Dios un examen de verdadero o falso y de selección múltiple. Aun cuando esta cuestión de poner vellones se halla en la Biblia, no creo que Dios intentó que fuera un principio que todos debemos seguir y, por consiguiente, no recomiendo que la gente diseñe pruebas para Dios. En parte la gente puede descubrir cómo manipular las cosas para que la respuesta que reciben sea la que quiere. Otras personas que sepan de tal vellón pueden alterar los resultados. Un método más confiable, lógico, para determinar la voluntad de Dios es, en mi opinión, preguntarle sencillamente: «Señor, ¿es esto lo que quieres que haga?»

Eso deja la puerta abierta para que Dios nos diga lo que quiera. Él no está limitado a las opciones que nosotros le presentamos.

LLEGUE A UN ESTADO DE VERDADERO CONTENTAMIENTO

Lo opuesto de un sentimiento continuo de intranquilidad y frustración es el contentamiento. El contentamiento es la paz *shalom* de la Biblia, una paz completa y de seguridad.

Ese tipo de paz no depende de nuestras circunstancias externas.

El mundo siempre va a irritarse. Decisiones insensatas y de pecado abundan. Sin embargo, no tienen nada que ver con el estado interior de su alma. Usted puede estar contento por dentro, sin importar qué clase o cantidades de pecados o error giren a su alrededor.

El apóstol Pablo estaba preso en Roma, enfrentándose a toda clase de persecuciones y ridículo de parte de los demás, cuando escribió: «He aprendido a contentarme, cualquiera que sea mi situación. Sé vivir humildemente, y sé tener abundancia; en todo y por todo estoy enseñado, así para estar saciado como para tener hambre, así para tener abundancia como para padecer necesidad» (Filipenses 4.11-12).

¿Cómo halló Pablo este contentamiento interior?

Al enfocar su vista en la soberanía de Dios antes que en la voluntad de las personas.

Al alabar y agradecer a Dios antes que criticar a otros.

Al poner su confianza en que Dios atenderá el futuro antes que mirar continuamente al pasado.

Al confiar en que Dios lo hará todo correcto antes que desconfiar en la capacidad humana.

Pablo concluyó su declaración respecto al contentamiento interno diciendo: «Todo lo puedo en Cristo que me fortalece» (Filipenses 4.13). Al volver Pablo su atención a Cristo, y alejarla de las circunstancias y detractores, recibió fortaleza.

Su contentamiento no residía simplemente en negar el mundo externo ni los hechos relacionados con su situación. Su contentamiento fluía de su confianza en Cristo.

Sea que su intranquilidad interna proceda de asuntos no resueltos en su pasado, o de una frustración que Dios le ha dado con el propósito de llevarlo más profundamente en la voluntad de Él, la respuesta a la intranquilidad viene al confiar en Dios.

Confíe en que Él es su refugio, su seguridad en las tormentas y conflictos de la vida.

Confíe en que Él es su escudo contra los ataques del enemigo que trata de sorprenderlo fuera de guardia, sacarlo del camino y hacerle tropezar.

Confíe en que Él es su sabiduría contra el error y los falsos comienzos.

Confíe en que Él es su paz.

Aprópiese de las palabras de Jesús: «La paz os dejo, mi paz os doy; yo no os la doy como el mundo la da. No se turbe vuestro corazón, ni tenga miedo» (Juan 14.27). La paz que Jesús da es la «paz de Dios, que sobrepasa todo entendimiento», una paz que «guardará vuestros corazones y vuestros pensamientos» (Filipenses 4.7).

¿Está frustrado e inquieto hoy? Por sobre todo dígale al Señor: «Necesito que me tranquilices y me des tu paz».

Luego búsquele para que llene su corazón con su presencia.

CÁPSULA DE VERDAD

Cuando se sienta intranquilo y frustrado:

1. Examine su corazón. ¿Huye de algo que necesita encarar? Si es así, pídale al Señor que le revele la razón de la frustración y que le dé el valor para enfrentarla.
2. Busque a Dios para que cambie su vida. Confíe en que Él le guiará al sendero que tiene para usted. Al empezar a sentir la dirección de Dios, confirme la palabra que le ha dado. Pídale al Señor que no sólo le revele lo que Él desea que usted haga, sino también cuándo desea que realice la acción.
3. Pídale al Señor que le dé su paz.

*M*i exceso de equipaje de frustración.

_____
_____
_____
_____
_____
_____
_____
_____

*C*ómo puedo aligerar esta carga.

_____
_____
_____
_____
_____
_____
_____
_____

*D*ios es la fuente de mi fortaleza.

AGOTADOS

Durante los años de esfuerzo hacia la perfección y la búsqueda de aprobación en mi ministerio sabía lo que estaba haciendo, al menos hasta cierto punto. Sabía, con cierto nivel de comprensión, que trabajaba demasiado duro por un ideal imposible y esperaba demasiado de mí mismo y de otros.

¿Cómo justificaba mi conducta?

Pues bien, ¡la manejaba como un perfeccionista que continuamente busca aprobación! Echaba la culpa de mi conducta a cualquier otra persona y rehusaba autocriticarme. Racionalizaba mi conducta diciendo: «Dios me hizo así».

Racionalizaba mi conducta diciendo: «Dios me hizo así». Mucho de lo que pensaba que hacía para Dios, en realidad lo hacía para Charles Stanley.◆

El resultado fue que caí en una espiral descendente de más y más trabajo, en un esfuerzo por ser cada vez mejor y mejor, y recibir más y más aprobación. A la larga, caí muy duro.

En 1977 estaba haciendo dos programas de televisión de treinta minutos, más el programa de televisión del domingo por la mañana que resultaba del culto en la iglesia, además de todo lo demás que hacía como pastor. Noté que en lugar de sólo estar cansado el lunes, lo cual es normal para un pastor después de predicar el domingo por la mañana y por la noche, estaba cansado el martes.

Muy pronto estaba cansado también el miércoles. Entonces me di cuenta de que estaba tan cansado el sábado como lo estaba el lunes por la mañana.

Fui al hospital tres veces ese año y me hicieron toda clase de exámenes, y nunca los médicos encontraron algo malo. Le dije a mi médico: «No hay nada mal. Simplemente estoy cansado». Traté de tomar un ligero receso, pero nunca fue lo suficiente como para que en realidad me fuera de ayuda.

Stephen Olford vino a mi iglesia un fin de semana para predicar, y el sábado por la noche mi esposa y yo fuimos con él y su esposa a cenar en un hotel del centro de la ciudad.

Fuimos al mismo hotel a donde habíamos ido tres años antes. En aquel tiempo el Dr. Olford nos contó de los problemas físicos que había tenido. Recuerdo que pensé mientras él nos relataba su historia: *Jamás voy a permitir que eso me pase a mí*.

Sin embargo, allí estábamos tres años más tarde, y él me preguntaba:

—¿Y cómo te va?

—Bien —respondí.

—No, eso no es cierto —dijo mi esposa—. Dile la verdad.

De modo que le conté acerca de mi fatiga y él dijo:

—Vas al hospital esta misma noche.

—No, no voy —respondí—. Tú vas a predicar en nuestro culto de misiones el domingo por la mañana y yo tengo que estar allí.

—No, no tienes que estar. Y es más, voy a hacer arreglos para que doce de los mejores predicadores de la nación vengan a predicar en tu lugar cada domingo durante los tres meses siguientes.

—Caramba, no sé qué decir en cuanto a eso.

No obstante, el Dr. Olford hizo exactamente como dijo. Él y su esposa y Annie me llevaron al hospital e hicieron que me admitieran allí. A la mañana siguiente, después que predicó, llamó a una reunión de los diáconos de la iglesia y les dijo: «Si quieren a este hombre vivo, tienen que darle una licencia de tres meses, seis meses, lo que sea necesario».

Él y uno de los diáconos vino a verme en el hospital ese mismo domingo por la noche y me dijeron: «Te prohibimos que vuelvas a predicar en la iglesia durante tres meses, por lo menos». El Dr. Olford hizo arreglos para que destacados predicadores ocuparan el púlpito los siguientes doce domingos, una persona diferente cada semana.

Del hospital de Atlanta fui dos semanas a un centro médico en Virginia para que me hicieran toda clase de exámenes. Cada mañana me hacían exámenes y por las tardes caminaba y oraba. Los médicos no encontraron nada físicamente malo, no había problemas del corazón, ni úlceras. Sólo estaba agotado.

Un hombre de nuestra iglesia hizo arreglos para que me fuera a una pequeña isla que medía aproximadamente cinco kilómetros de largo y medio kilómetro en su parte más ancha. Está ubicada alrededor de doscientos kilómetros directamente al este de West Palm Beach. Allí sólo viven doscientas treinta personas y no hay hoteles, ni automóviles, y sólo dos teléfonos. Annie no pudo ir conmigo, puesto que estábamos en el proceso de construir

una casa. De modo que Andy, mi hijo, pidió unos pocos
meses de permiso en su universidad, y él y yo nos fuimos
a la isla cinco semanas. Pescamos, caminamos, nadamos,
leímos, estudiamos y oramos.

Parece idílico.

Sin embargo, cuando uno ha estado corriendo tan
aprisa como puede y se siente impulsado a hacer algo las
veinticuatro horas del día, irse a un lugar desolado como
ese es un choque. De súbito, ¡no hay nada por lo cual
afanarse! No hay quien le aplauda. No hay nada por lo cual
levantarse, ni que le impulse a seguir esforzándose. Es
como darse de cabeza contra la pared.

También me sentía tan exhausto que me preguntaba si
alguna vez lograría recobrar suficiente energía para actuar
normalmente. Tenía muchísimas dudas para añadirse a mi
agotamiento.

No tenía dificultad en hablar con Dios y, por cierto,
no le eché ninguna culpa de la situación en que me
encontraba. Sabía que el problema residía en mí. Me sentía
impulsado a esforzarme por triunfar. Estaba comprometido a tantísimas cosas, que no sabía cuándo salir de la
rueda que estaba girando. No quería gastarme hasta el
agotamiento, pero no sabía cómo dejar de hacer todo lo
que hacía. Presentía que necesitaba dejar de extenderme
en demasía, pero al mismo tiempo no sabía cuál actividad
dejar.

Al final, no quería dejar nada. Quería hacer todo lo que
hacía. Quería lograr todo lo que lograba. Miraba a alguna
situación y me decía: «Pues bien, esto da resultados, así
que, ¿por qué dejarla?» Y decía lo mismo con todo lo
demás.

No sé por qué pensaba que tenía que hacer tanto. Tal vez trataba de probarme yo mismo que podía hacer todo aquello en lo cual participaba. Quizás respondía a la aprobación que recibía. Tal vez se relacionaba con las circunstancias a las que me enfrentaba en la iglesia en esos días.

Tenía un fuerte deseo de ver almas salvadas y las bancas de la iglesia llenas de personas. Tenía un deseo igualmente fuerte de asegurarme de que todos los programas de la iglesia funcionaran para servir a la gente. Tenía grandes metas en muchísimas áreas. Mantenía mis metas siempre ante mí. De corto, medio y largo alcance. Las tenía todas en línea y estaba comprometido a lograr que se alcanzaran, aunque me costara la vida. Tenía un fuerte deseo de alcanzar esas metas con tanta rapidez como fuera posible, pero tenía muy poca ayuda. Cuando tiene tal combinación, la tendencia es abarcar demasiado usted mismo. Yo había hecho eso.

¡La persona número uno que me impulsaba así era yo mismo!

Ahora bien, si usted me hubiera preguntado en esos días si estaba exagerando mi esfuerzo, le hubiera dicho: «No, simplemente amo a Dios». Al mirar hacia atrás, me doy cuenta de que mucho de lo que pensaba que hacía para Dios, en realidad lo hacía para Charles Stanley. Gran parte de mi vida de oración se enfocaba en lo que quería conseguir, lo que quería conseguir para la iglesia.

Tenía metas para mi vida, metas para mi familia y siete metas principales para la iglesia. Las metas eran diversas: desde finanzas personales hasta salud de la familia y número de miembros en la iglesia. Las conservaba en una libreta grande y con frecuencia las revisaba. Mi relación con Dios se basaba principalmente en su ayuda para que yo lograra que se hicieran las cosas. Sabía que Él tenía el poder para hacerlo y pensaba que si tan solo creía lo suficiente y confiaba en que Él actuaría, las metas podrían alcanzarse.

No pienso que en algún momento sentí que podía hacer algo significativo por mí mismo. A menudo le decía a Dios lo incapaz que me sentía y que no podría hacer nada si Él no lo hacía. Mirando ahora hacia atrás, me doy cuenta de que estaba engañado respecto a mis propios motivos. De muchas maneras los motivos los enmascaraban el éxito. ¡Las cosas daban resultados! ¡La iglesia crecía! Las metas se alcanzaban. No quería detenerme. A decir verdad, las siete metas que fijé para la iglesia durante el año de 1990 se alcanzaron mucho antes de la fecha.

Jamás le pedí a Dios permiso para dejar ninguna de las actividades en las cuales participaba. Sólo le pedía fuerza para hacer más.

Hay una gran diferencia entre disfrutar el logro de una meta y disfrutar del proceso de trabajar hacia esa meta. Disfrutaba de los resultados de lo que hacía, pero no disfrutaba de las actividades en sí mismas. Por ejemplo, me gustaba que el programa de televisión de treinta minutos, que se hacía desde el estudio del pastor tuviera éxito. Pero detestaba la exigencia emocional de esos programas, haciendo tres o más a la vez, teniendo que concentrarme por completo en la cámara sin ninguna audiencia presente, necesitando suplir toda la energía emocional y fuerza para llevar adelante ese tipo de formato.

Y en el proceso de querer hacerlo todo y tenerlo todo, me hallé absolutamente exhausto física, mental y emocionalmente.

Mi escape a la isla me ayudó a recuperar cierto grado de fuerza física y mental. Por lo menos parte de mi curación comenzó cuando regresé a Atlanta. A mi regreso le dije al carpintero que construía nuestra casa: «Póngame a hacer algo». Me iba todos los días al sitio de la construcción y trabajaba como ayudante de carpintero. Trabajar con mis manos durante un mes fue excelente terapia.

Finalmente, después de las doce semanas, regresé a la iglesia. Encontré que la asistencia había aumentado, también la ofrenda y la gente estaba contenta. ¡Dios había cuidado bien al rebaño!

Me tomó cerca de diez meses, sin embargo, para sentir que me había recuperado por completo físicamente. Recuerdo el momento cuando subí al púlpito y dije: «¡Me siento bien!»

En el curso de toda esa experiencia y en el proceso de recuperación, aprendí varios principios.

Principio #1: El agotamiento mental y emocional no pueden remediarse a menos que también se atienda el agotamiento físico

No se obligue a avanzar más allá del punto de sentirse cansado. Hacerlo es arriesgarse a quedar exhausto, desprovisto por completo de fuerza y energía. Si se halla ya cerca al punto de quedar exhausto, tómese el tiempo que necesita para descansar y para recuperarse. El primer paso hacia la sanidad del agotamiento casi siempre incluye un período prolongado de descanso unido con buena nutrición.

Principio #2: El agotamiento físico afecta
directamente la mente y las emociones

Una mujer vino a verme hace poco y me dijo:

—Pastor Stanley, no tengo energía. Siempre me siento
cansada.

—¿En qué piensa la mayor parte del tiempo? —le
pregunté.

—En todo lo que tengo que hacer.

—Ese es su problema real. Usted tiene su mente en
cosas equivocadas —le dije y después pregunté—: ¿Cuánto tiempo dedica a la lectura de la Palabra y a la oración?

—Casi nunca oro ni leo la Biblia —me dijo—. Simplemente no tengo tiempo.

—Ese es el problema. Mientras más atareada es su vida,
más *necesita* tener tiempo para orar y leer la Palabra de Dios.
*E*nfrente   Usted tiene que hacer de la Palabra del Señor y su relación
cualquier   con Él la prioridad número uno de su vida.
cosa que   Aquella mujer no es un caso aislado. Encuentro muchas
absorba toda   personas llenas de estrés y viviendo al borde del colapso.
su atención   Se agotan demasiado aprisa. Algo dentro de ellas ha
y energía   iniciado un escape que drena su gozo y energía.
emocional,   Si usted siempre está cansado, pregúntese:
y es muy   ◆ ¿En qué pienso la mayor parte del tiempo?
probable que   ◆ ¿Qué es lo que más me preocupa?
su energía y   ◆ ¿Qué cosas son las que me preocupan?
su gozo   La cuestión real no es el agotamiento y el estrés, sino
volverán.   el problema que absorbe toda su atención y energía emo-
               cional. Enfrente ese asunto primero y es muy probable que
✳   su energía y su gozo volverán.

Principio #3: Cuando se sienta agotado, regrese a
las cosas básicas de su vida en Cristo

Si puede decir con sinceridad que no está preocupado
por algo, la causa de su agotamiento puede ser un problema físico. Vea a un médico. Descríbale sinceramente cómo
se siente.

Si no hay problema físico y no tiene ningún afán por
alguna cosa en sus emociones, pregúntese si acaso usted
ha dejado que disminuya su relación con el Señor.

¿Ha dejado que el peso del mundo caiga sobre sus
hombros sin saberlo más bien que trasladar el peso del
mundo sobre el Señor?

¿Está decepcionado de que el mundo no le provea la
felicidad que busca antes que confiar en el Señor para darle
su gozo?

¿Lucha con dudas y temores hostigantes acerca del
propósito y significado de su vida en lugar de hallarlo en
el Señor?

Tal vez sea el tiempo de evaluar su vida y decir: «Tengo
que volver a las cosas básicas». Las cosas básicas para
cualquier cristiano son tres:

◆ *La Palabra de Dios*. Dedique tiempo cada día a la
Palabra de Dios. No prescribo una cierta cantidad de
lectura, ni tampoco de tiempo. Pero tiene que invertir
tiempo todos los días leyendo su Biblia. Lo que lee se
convierte en parte de usted. Llega a ser la manera en que
piensa y responde a la vida. Llega a ser su misma naturaleza, su carácter, su actitud, su marco mental.

La Palabra de Dios jamás le hará sentirse exhausto, ni
frustrado, presa de la ansiedad, ni frenético. La Palabra de

Dios da paz, esperanza, reposo y entereza de corazón y mente.

◆ *Oración*. Dedique tiempo todos los días hablando con Dios. Dígale cómo se siente. Agradézcale las buenas cosas que está experimentando en su vida. Alábele por las buenas cosas del pasado. Pídale lo que necesita. Hágale partícipe de sus afanes, esperanzas, deseos, temores y preocupaciones. Escúchele hablar palabras de consuelo, consejo y dirección. Desarrolle una relación de andar y hablar con el Señor.

◆ *Comunión con otros creyentes*. Involúcrese en una iglesia con otras personas que creen en la Palabra de Dios lo mismo que usted. Asista con regularidad. Ofrezca voluntariamente sus servicios en un área en la cual pueda usar sus talentos y dones. Haga amigos con los que pueda adorar.

Si está demasiado ocupado como para asistir a la iglesia, demasiado cansado para orar o demasiado preocupado como para leer la Palabra de Dios, eche otro vistazo a sus prioridades. Es tiempo de hacer un cambio y poner primero su relación con Dios. Como dice Mateo 6.33: «Mas buscad primeramente el reino de Dios y su justicia, y todas estas cosas os serán añadidas»; y eso incluye tiempo, un espíritu de tranquilidad y el gozo de vivir.

Principio #4: Decida hacer sólo lo que Dios demanda

Tal vez diga con sinceridad: «No tengo problemas emocionales. Estoy saludable físicamente. Tengo una relación diaria e íntima con el Señor. Pero, sin embargo, todavía estoy agotado».

Si ese es el caso, quizás esté tratando de hacer demasiado en su vida. Tal vez está haciendo más de lo que Dios espera o quiere que haga.

Dios jamás le llama a que haga algo a menos que Él mismo le provea de los medios para que tenga la energía y los recursos para realizar la tarea. A lo mejor tiene que trabajar duro, pero Dios jamás le pedirá que se gane un colapso nervioso, emocional o físico en el proceso. A pesar del éxito y de lo atareado que estuvo Jesús en su ministerio, a menudo dedicaba tiempo para alejarse de las multitudes. Sabía cómo relajarse y renovar su fuerza física, emocional y espiritual. Que Él sea nuestro ejemplo.

Dios no se compromete a ayudarnos en todo lo que *nosotros* queremos hacer en nuestras vidas. Él se ha comprometido a ayudarnos a hacer sólo las cosas que *Él* quiere que hagamos. Dios invierte su sabiduría, su energía y su conocimiento y comprensión no en los bordes de lo que nosotros queremos hacer en la vida, sino en lo que Él desea ver realizado.

El Señor permite que nos agotemos y nos sintamos exhaustos para enseñarnos sus lecciones:

◆ Que hacemos más de lo que Él realmente requiere que hagamos.

◆ Que tenemos nuestras prioridades fuera de orden.

◆ Que no estamos poniéndole a Él primero.

◆ Que tratamos de hacer demasiadas cosas al mismo tiempo.

Cuando volví de mi período de recuperación, dejé de inmediato dos de los programas de televisión y me limité a pastorear la iglesia. Reduje mis actividades y no me permití quedar atrapado en demasiadas cosas que no se

Si está demasiado ocupado como para asistir a la iglesia, demasiado cansado para orar o demasiado preocupado como para leer la Palabra de Dios, eche otro vistazo a sus prioridades.

✳

relacionaban con la iglesia ni con mi familia. Cambié por completo mi horario y mi calendario. No volví a comprometerme en actividades de semanas completas. En su lugar, separé días especiales de oración y estudio.

Si hoy está agotado, le sugiero cinco cosas:

Deje a un lado todo lo que está haciendo y reevalúe su vida.

1. Deje a un lado todo lo que está haciendo y reevalúe su vida. Puede ser provechoso alejarse un día, un fin de semana o unos pocos días, tal vez incluso una semana o dos. Invierta al menos parte del tiempo en oración y ayuno. La oración le ayudará a concentrar su atención en lo que Dios quiere que usted haga. El ayuno tiende a despejar sus preocupaciones por las cosas de este mundo y le ayuda a ver con más claridad las prioridades y las situaciones.

2. Haga una lista de todo lo que está haciendo y el tiempo que necesita para cada actividad. Tenga una buena comprensión de cómo está gastando exactamente su tiempo. Muchas personas se sorprenden al comprobar lo que está consumiendo la mayor parte de su tiempo, o al descubrir cuánto le están dedicando a ciertas actividades, obligaciones o diversiones.

3. Evalúe cuánta energía personal requiere cada actividad. Algunas veces no pasa mucho tiempo en una tarea, pero la tarea en sí exige una gran cantidad de energía emocional o física. Como mencioné antes, uno de los dos programas de televisión de media hora que hacía en 1977 era grabado sin ningún público presente. Descubrí que me exigía mucha más energía emocional, mental y espiritual hacer tal programa que el que hacía frente a un público. Sin embargo, grabar ambos programas demoraban lo mismo. Adivine cuál programa fue el primero en quedar a un lado.

4. *Busque tendencias o patrones entre las actividades que ha puesto en su lista.* Pregúntese: «¿Tengo un balance entre actividades físicas y mentales? ¿He incluido actividades espirituales en mi lista? ¿Me doy suficiente tiempo para descansar y distraerme? ¿Por qué hago lo que hago?»

Muchas personas descubren que hacen cosas porque piensan que otros esperan que las hagan. Esto puede ser cierto o no; pero incluso si fuera verdad, nuestro motivo para hacer alguna cosa no debe ser sólo porque otros nos lo pidan, quieren que hagamos o nos las exijan.

Tal vez se diga: «Pero si no lo hago ni logro mucho, otras personas van a pensar que soy un fracaso».

No importa lo que otros piensen. Todo lo que importa es lo que Dios piensa y Él jamás le exige que haga cosas que están fuera de su capacidad física, emocional o mental. De todas maneras, nunca logrará complacer a la gente. Sin importar lo que haga o cuánto haga, siempre habrá alguien insatisfecho. Las expectativas de las personas son volubles. Cambian con frecuencia. Lo que otros esperan de usted hoy es muy probable que no sea lo que esperan la próxima semana ni el próximo año. Lo que otros quieren de usted hoy, ¡quizás ni lo recuerden el mes siguiente!

No deje que las expectativas, peticiones, ni deseos de otros le dicten las acciones a realizar. Si lo hace, jamás tendrá paz en su corazón.

5. *Con la evaluación de sus actividades, tiempo y energía ante usted, pídale al Señor que le revele qué es lo que realmente le importa a Él y que le muestre dónde debe invertir más tiempo, dónde debe gastar menos tiempo y qué actividades necesita abandonar.* Pregunte respecto a cada actividad: «Señor, ¿es esto algo que en

*T*al vez se diga: «Pero si no lo hago ni logro mucho, otras personas van a pensar que soy un fracaso».

realidad tú quieres que haga y es algo que quieres que lo haga precisamente ahora? ¿Quieres que gaste todo este tiempo en esto? ¿Quieres que pase en esto más tiempo?»

No se limite a su lista. Pregúntele también al Señor: «¿Hay algo más en lo cual preferirías que gastara mi tiempo? ¿Hay algo que no estoy haciendo y que tú quisieras que haga?»

Pregúntese: «¿Cuáles son las consecuencias de asumir esta nueva posición? ¿Cuáles son las consecuencias de optar por otra alternativa? ¿Cuáles son las consecuencias de realizar la acción que pienso llevar a cabo?»

¿Está dispuesto a vivir con las consecuencias? ¿Está dispuesto a pagar el precio de la persecución que vendrá de parte de los que no comprenden lo que hace y la persecución de los que jamás entenderán la voluntad de Dios?

Sea cauto en cuanto a hacer las cosas de la manera en que la mayoría de la gente las hace. Note que no dije la mayoría de los cristianos que creen en la Biblia, sino más bien la mayoría en general. La multitud casi siempre está equivocada, al menos hasta cierto punto. No le interesa hacer las cosas a la manera de Dios, ni seguir la voluntad de Dios, ni asumir una posición basada en la Biblia. Si las masas corren en cierta dirección en particular, retroceda y eche un vistazo a la situación.

Sospeche también de la opinión pública prevaleciente, o de las opiniones ampliamente sostenidas por nuestra sociedad.

La sociedad nos dice muchas cosas que no se ajustan a la Palabra de Dios. Un hombre me dijo que su idea del éxito fue casarse con una reina de belleza, vivir en una casa grande en un buen vecindario y conducir un Cadillac. Me dijo: «Conseguí todo eso y me siento miserable». Permitió que la sociedad, y no la Palabra de Dios, le definiera el éxito.

Principio #5: Deje que Dios tome el control y entréguele la responsabilidad

Uno de los resultados más positivos de mi recuperación fue que dejé de sentir que tenía que tener el control sobre todo detalle y actividad de la iglesia.

La persona que intenta controlarlo todo, lo que dice en realidad en su corazón es: «Dios mío, no creo que tú puedes controlar esta situación». Tal persona tiene la tendencia de intervenir y ayudarle a Dios o ayudar a otros para que le ayuden a Dios. He llegado en mi vida al punto de saber con certeza que Dios puede manejar la situación, cualquiera que sea, y si no pudiera, muchísimo menos yo.

Darle a Dios el control sobre una actividad, un ministerio, un acontecimiento o una relación, es darle a fin de cuentas la autoridad para que actúe como lo desea. Con la autoridad debe venir la responsabilidad. Debemos estar dispuestos a darle a Dios la responsabilidad del resultado.

Recuerdo una conversación con un ministro de una organización grande. Me dijo: «Todas las mañanas me levanto sabiendo que tengo que conseguir ofrendas de $100 millones cada año». Cuando me lo dijo, me encontré respondiendo: «Dios mío, yo no puedo meterme en semejante situación. Si tú quieres que crezcamos y hagamos más, tendrás que proveer los fondos». Tomé la decisión de que no íbamos a pedirle dinero a la gente. Más bien, íbamos a pedírselo a Dios. Nos colocamos en posición de confiar en que Dios proveería los medios para los proyectos que nos estaba guiando a realizar. Desde el día que tomamos esa decisión, hemos crecido en nuestro ministerio nacional e internacional a un ritmo del quince por ciento cada año, sin pedirle nunca a nadie ni un centavo. ¡No me estoy atribuyendo el crédito de eso! Dios lo está haciendo. Es su obra. Él es el responsable.

Si lo considero mi trabajo, se convierte en mi responsabilidad. ¡Y no puedo asumir tal responsabilidad!

Otra forma de darle a Dios la autoridad y responsabilidad es permitirle que use a otras personas como parte de su proceso. Cuando nos agotamos, necesitamos confiar en que Dios proveerá otras personas para cubrir las brechas de nuestra incapacidad, para tomar la partida de lo que ya no seguiremos haciendo.

A través de los años he descubierto que si mi personal y yo nos vamos a un retiro de oración de dos días, un par de veces al año, y tomamos decisiones clave en ese tiempo, el personal puede poner en práctica tales decisiones el resto del tiempo sin constante vigilancia de mi parte.

Todos los lunes tengo una reunión con el personal que empieza con oración y dura mañana y tarde, y a eso se reduce mi trabajo como administrador cada semana. Confío en que los miembros del personal realicen su trabajo y que lo hagan como un ministerio para el Señor. Ahora bien, no empecé a confiar en otros inmediatamente. Fue un proceso que me llevó varios años. Reconocí, después de mi recuperación del agotamiento, que confiar en otros era algo que tenía que hacer y decidí hacerlo. Me esforcé por aprenderlo.

Para confiar en otros con autoridad de supervisor y de administrador, una persona debe primero:

◆ estar dispuesta a hacerlos partícipes de la gloria o el crédito por un trabajo bien hecho.

◆ sentirse seguro, dispuesto a permitirle a otros tener relaciones de las cuales la persona no es parte.

◆ estar dispuesto a cambiar su estilo de administración, de ver a otros como personas que a veces cometerán equivocaciones, antes que dictar que no se debe incurrir en algún error (lo cual no es posible).

Por sobre todo, exige una disposición de ver a otros crecer en su fe y capacidad de confiar en que Dios obrará a su favor. Verdaderamente puedo decir hoy que mi meta suprema para mi personal de colaboradores es ver que cada uno de ellos crea en Dios.

He decidido que pase lo que pase seré obediente a Dios. Pero no considero eso licencia para decir: «Esto es lo que vamos a hacer». Al contrario, voy a una reunión del personal y digo: «Esto es lo que he estado pensando y sobre lo que he estado orando. Hablemos al respecto. Digan su opinión con franqueza». Y así enfocamos las decisiones.

Al irnos a nuestros retiros de oración de dos días, he descubierto que tienen mucho más éxito si no trato de planearlos. En un principio hacía un horario para cada uno de los días, de modo que orábamos todo el día y trabajábamos hasta la medianoche. Regresábamos exhaustos, sin haber logrado mucho. Sentía que el Señor me guiaba a hacer que el personal no hiciera otra cosa que orar.

La primera vez que me arriesgué a dirigir sin planear uno de estos retiros, le dije al Señor: «Dios mío, van a pensar que vine sin hacer ningún preparativo, que no hice lo que me correspondía». El Señor me dijo en lo profundo de mi corazón: *Sencillamente confía en mí.*

Cuando llegué les dije: «Nuestro programa es orar. Eso es todo, orar». Pues bien, oramos toda la mañana y toda la tarde. Durante el tiempo de oración en la tarde, un hombre que estaba a cargo de las operaciones de las computadoras estaba orando y el Señor me puso en el corazón esta pregunta: *Ahora bien, ¿qué fue lo que dije?* Pensé en las palabras del Señor en la Gran Comisión: llevar el evangelio a todas las naciones y hacer discípulos. Interrumpí al hombre en mitad de su oración y le pregunté: «George, ¿es posible trasmitir nuestro programa "En contacto" a todas las naciones? ¿Es eso posible técnicamente?» Él dijo: «Sí», y luego volvimos a la oración.

Continuamos orando y al hacerlo sentí que el Señor nos llamaba a llevar el programa «En contacto» a toda nación en el mundo dentro de dos años, sin pedirle dinero a nadie. Regresamos del retiro comprometidos a una meta. Teníamos un claro sentido de que el Señor nos había llamado a hacerlo.

Dos años más tarde, con precisión al día, estábamos trasmitiendo el programa a toda nación en la tierra.

Varios meses después, fuimos a otro retiro sabiendo que teníamos una gran necesidad de un edificio. Le pedimos al Señor que nos mostrara qué hacer. Nos reunimos y oramos y confiamos en Dios como grupo.

Cuando regresé a casa recibí una llamada telefónica de un hombre en Missouri a quien nunca había conocido.

—Usted ha estado en mi mente durante los dos días pasados —me dijo—. Quería llamarle y decirle cuánto me han bendecido sus programas a través de los años y cuánto he aprendido. Usted nunca habla de las necesidades que deben tener. No sé si tienen alguna ahora o no.

Le conté acerca de nuestro retiro y cómo creíamos que Dios nos ayudará a comprar un edificio. Él preguntó si tenía ya algún edificio en mente.

—Sí, hemos encontrado un edificio que cuesta $2,7 millones, pero pienso que realmente podrían dejárnoslo por $2 millones.

—¿Es ese el mejor para sus necesidades? —preguntó.

—Sí, creemos que lo es. Tiene todo lo que necesitamos.

—¿Realmente cree que lo podrán conseguir por dos millones? —volvió a preguntar.

—Sí, creo que sí.

—Pues bien, me parece que yo puedo arreglar eso —respondió.

Compró el edificio para nosotros al instante. ¡Dios impulsó su corazón y suplió nuestra necesidad sin tener que decir ni una sola palabra al respecto!

Al confiar en Dios tanto con la autoridad para actuar y la responsabilidad del resultado, usted también necesita estar a tono con las maneras en que Dios tal vez le dirija a ajustar la forma en que usted realiza sus responsabilidades y rutinas, o en cómo conduce ciertos aspectos de sus negocios.

El Señor me guió a hacer ciertos cambios prácticos en la manera en que dirigía los asuntos de la iglesia. Por ejemplo, donde pastoreo tenemos un grupo de cuarenta diáconos y nuestra costumbre original era reunirnos un lunes al mes por la noche. Las reuniones casi siempre duraban varias horas. Una pocas veces el personal y yo encontramos que los diáconos rechazaban algo en lo que habíamos trabajado y orado durante varias semanas. Les dije: «Miren, ustedes vienen completamente cansados después de haber trabajado todo el día. Sin siquiera orar respecto a los asuntos que presentamos, los rechazan o toman decisiones al respecto. Así no es como debemos trabajar. Esto es lo que propongo: Nos reuniremos el domingo a las cuatro de la tarde y pasaremos la primera media hora en oración. Les garantizo que saldremos de la reunión antes de las cinco y media».

Y así fue como lo hicimos. Hallamos de inmediato que podíamos lograr más, tener una mayor armonía y sentir una atmósfera mucho más espiritual en nuestras reuniones.

Principio #6: Al fin y al cabo tiene que lidiar con el equipaje emocional que tal vez esté cargando

Hemos hablado hasta aquí de principios que le ayudarán mucho para recuperarse del agotamiento físico y mental. Me beneficié de los cambios que hice en mi horario, mis prioridades, la manera en que trabajaba y mi capacidad recientemente encontrada de confiar en otros. Sin embargo, todavía no había lidiado con la raíz del problema en mi vida.

Aun cuando descansé corporalmente e hice cambios para reducir mi esfuerzo de perfección y aprobación, todavía sentía la necesidad de ellas. Un dolor interno profundo aún llenaba mi espíritu.

A través de los años, en realidad por décadas, confesé y me arrepentí diez mil veces de todo lo imaginable. Usted tal vez pregunte: «¿Confesó la hostilidad, la ira y la amargura que sentía respecto a su niñez?» Sí, también confesé todo eso y le pedí a Dios que me perdonara. Ayuné, oré, rogué, supliqué a Dios, le lloré, asistí a reuniones y retiros (mencione cualquier cosa, yo lo hice). Nada mitigaba el dolor interno que sentía.

Si piensa que orar, estudiar la Biblia, ayunar y hasta trabajar duro en los sermones le hacen un santo, debo decirle que no resulta. Tratar duro de ser un cristiano no lo hace tal. Tratar arduamente de ver sanado su dolor emocional interno no lo deja libre del mismo.

A través de los años y en ocasiones le decía a Annie: «Estoy seguro que detestaría morir. No es que tema morir. Simplemente todavía no estoy listo».

Un día añadí: «Tiene que haber algo más de lo que sé. Algo que está faltando. Hay algo que no sé si me falta y tengo que hallarlo». En otras ocasiones le dije: «Hay algo que se yergue entre Dios y yo, y no puedo identificarlo. Pero sé que se interpone».

El dolor era evidente especialmente después que prediqué una serie de sermones titulada: «La verdad puede hacerle libre». Cada semana durante esa serie la gente se me acercaba y me decía: «Pastor, estos mensajes realmente me han hecho libre».

Me iba a casa, sin embargo, y miraba hacia el cielo el domingo por la tarde y decía: «Pero Señor, ¿qué ocurre conmigo mismo? Soy el que predico el sermón y no tengo esa libertad en mi corazón. Sé que es tu verdad, pero no la conozco como una plena realidad en mi vida».

Al final, el dolor interno se hizo insoportable. Mientras predicaba en Oregón en una reunión de los Bautistas Conservadores, todo pareció acumularse. Predicaba alrededor de cuarenta minutos y me callaba, pero la gente decía: «No tenemos ningún otro lugar a donde ir. Siga hablando». De modo que las reuniones eran largas y Dios bendecía a los que asistían. Mirando desde afuera todo parecía tener mucho éxito. Sin embargo, regresé de esa conferencia desanimado y descorazonado, y sin tener a alguien al que echarle la culpa. Es más, ¡no había nada en mi vida de lo cual podía culpar a algo o a alguien!

No obstante, me sentí miserable al punto de la desesperación. Dios en su misericordia me guió a que llamara a algunos amigos, los cuales eran hombres sabios y más jóvenes que yo.

Déjeme contarle brevemente las características principales que debe ver al buscar una persona a la cual va a contar sus sufrimientos más íntimos. Cada hombre que llamé tenía las siguientes cualidades:

◆ *¿Ha atravesado la persona lo que usted está atravesando?* Tal vez no sea una experiencia idéntica, pero es importante que haya sentido lo que usted está sintiendo, y de tal experiencia haya emergido victoriosa, más fuerte y mejor que nunca. Tal consejero es capaz de empatizar con usted y ayudarle de verdad a encontrar las respuestas que necesita. Tal consejero cree en que usted al final sanará y será restaurado, y esperará junto con usted un mañana más brillante.

◆ *¿Le dirá esa persona la verdad?* ¿Puede confiar en que le dará una evaluación honesta, una evaluación sincera? Un empleado suyo, a quien usted supervisa, o que lo mira con asombro rara vez le hablará con toda sinceridad.

◆ *¿Es la persona saludable emocional y espiritualmente?* ¿Muestra integridad, honestidad, fuerza, compasión y una actitud y conducta piadosas?

Entonces, al recibir el consejo de las personas a las cuales hace partícipe de su dolor interior, pregunte esto:

◆ *¿Hay una convicción interna en su espíritu de que se le está diciendo la verdad?* El Espíritu Santo da testimonio a nuestro espíritu. Él confirma las palabras de otros para que podamos saber si lo que estamos oyendo es verdad o no. Un consejero sabio le dará consejo o le hará sugerencias que considerará ciertas en su corazón. Si no, pídale al Espíritu Santo que le muestre por qué no. A lo mejor usted se niega a oír la verdad. Puede ser también que el consejero no le está dando la verdad de Dios respecto a su vida.

Sabía sin ninguna duda que los cuatro hombres que llamé eran personas de la más alta integridad. Me oirían con empatía y confiaba en que Dios estaría con ellos para ayudarme.

Les pedí a los cuatro hombres que se reunieran conmigo en alguna parte y simplemente me dejaran hablar porque estaba al final de la cuerda. No sabía qué hacer. No sabía ni a dónde ir ni a quién hablar.

En ese tiempo de mi vida necesitaba consejo sabio. Y ayuda como esa a veces viene de parte de los que nos ven objetivamente y pueden ayudarnos a ver nuestra vida bajo una nueva luz.

Los cuatro hombres de buen grado accedieron a reunirse conmigo e hicimos arreglos para volar a un lugar específico dos días más tarde. Cuando nos reunimos, les pregunté si me permitirían hacerles partícipe de mi vida. Les dije que cualquier cosa que me aconsejaran hacer, lo haría. Así era el respeto que les tenía. Les mencioné cuán desesperado estaba. Ellos sabían que yo hablaba completamente en serio respecto a recibir su consejo.

Hablé con ellos toda la tarde y toda la noche. Me desperté varias veces durante la noche y escribí diecisiete páginas a mano, en hojas de tamaño grande, de cosas que quería estar seguro de decirles a la mañana siguiente. Les conté todo lo que recordaba respecto a mis primeros años y los puntos destacados, tanto dolorosos como positivos, de mi vida de adulto y ministerio. Empecé con mi primer recuerdo en la vida y avancé hasta ese mismo momento. Cuando concluí, les dije:

—Ahora, cualquier cosa que me digáis que haga, la haré.

Me hicieron dos o tres preguntas y luego uno de ellos, sentado exactamente al frente de mí al otro lado de la mesa, me dijo:

—Charles, pon tu cabeza sobre la mesa y cierra los ojos —me dijo y así lo hice. Entonces me habló muy amablemente—: Charles, quiero que te imagines a tu padre levantándote en sus brazos y abrazándote. ¿Qué sientes?

Rompí a llorar. Y lloré y lloré y lloré y lloré. No podía dejar de llorar. Finalmente, cuando me tranquilicé, me preguntó de nuevo:

—¿Qué sientes?

—Me siento abrigado, amado, seguro. Me siento bien —y luego me eché a llorar de nuevo.

Por primera vez en mi vida sentí emocionalmente que Dios me amaba. Tal vez esto le sorprenda. Me sorprendió a mí también. Sabía que Dios me amaba como un hecho de su Palabra. Había creído que Dios me amaba, aceptando eso como la naturaleza de Dios. Pero nunca lo había sentido emocionalmente.

Por décadas había predicado acerca de confiar en Dios, de creer en Dios y de obedecer a Dios. Pero cuando regresé a casa y revisé mi archivo de sermones, descubrí que había predicado un solo sermón sobre el amor de Dios (y ni siquiera valía la pena escucharlo). ¡No había predicado sobre el amor de Dios porque no sabía lo que significaba sentirse amado por Dios!

Dios usó ese encuentro con esos cuatro hombres y esa pregunta sencilla, para empezar a libertarme de años de equipaje excesivo que había estado arrastrando toda mi vida. La liberación completa no ocurrió en un día. Fue un proceso paulatino. Pero mientras más exploré el amor de Dios, más empezó Él a revelarme mi verdadera identidad en Cristo: que le pertenecía como nunca había pertenecido a nadie y que para Él yo valía algo (y la cruz lo demostraba), y que me amaba más allá de toda medida.

El abismo que me separó de Dios no era el pecado. Era el vacío de las emociones arruinadas, emociones tan dañadas y crudas que había sido incapaz de experimentar el amor de Dios sin la ayuda de otros que vieron que lo que necesitaba no era esforzarme más (en verdad, debía no tratar de hacer nada), sino, en lugar de eso, tranquilizarme y sentir el amor de Dios fluyendo hacia mí.

¿Necesita ayuda hoy? He encontrado muchas personas muy buenas, incluso en el ministerio, que han sido incapaces de decir: «Necesito ayuda y la necesito desesperadamente». El primer paso para recibir la ayuda que necesita

El primer paso para recibir la ayuda que necesita es admitirlo ante alguien. Primero, y sobre todo, admítalo ante Dios.

✳

es admitirlo ante alguien. Primero, y sobre todo, admítalo ante Dios. Dígale que ha llegado al final de usted mismo y de sus esfuerzos. Es en ese punto Dios puede empezar a hacer su obra.

Descubrí al final de mí mismo un Dios amable y de gracia que me había estado amando incondicionalmente toda mi vida. ¡No hay nada más liberador que ese descubrimiento! Y con dicho descubrimiento vino una capacidad de ayudar a libertar a otros.

Mientras más experimento el amor de Dios en mi vida, más empiezo a comprender la importancia de decirle genuinamente a otra persona: «Él te ama así como eres». Yo también llegué a ser capaz de amar a otros tal como son y a ser menos crítico de sus esfuerzos fallidos o falta de perfección. El amor de Dios por mí se convirtió en la fuente de un gran amor por otros.

Esa experiencia ha afectado mi vida personal, mi ministerio, mis relaciones con otros, mi familia, virtualmente con todos los que me encuentro.

UNA INVASIÓN DEL AMOR DE DIOS... POR INICIATIVA DE DIOS

Algo asombroso sucede cuando abandonamos nuestro equipaje emocional y le permitimos a Dios invadir nuestra memoria. Él invade nuestra vidas con su amor.

Por primera vez en mi vida sentí emocionalmente que Dios me amaba, pasara lo que pasara. Me sentí aceptado por Él. Dios ya me había demostrado que iba a estar conmigo, pasara lo que pasara. No tuve problemas para confiar en que Dios iba a ser fiel. A partir de ese día no tuve problemas en sentir que Dios me amaba.

Tuve un sentido de estrecha intimidad con Dios que nunca antes había experimentado. Antes de ese momento Dios siempre estaba por allí lejos en alguna parte. Después de esa experiencia era como si Él hubiera descendido todo el camino desde el cielo y estaba precisamente a mi lado.

La gente tal vez diga: «Pues bien, ¿por qué no sintió eso desde que fue salvo?»

No lo sé. Le pregunté al Señor: «¿Por qué no me dejaste experimentar eso mucho tiempo atrás?» Nunca me contestó tal pregunta. Sospecho que la respuesta reside en el hecho de que no estaba listo para recibir tal derramamiento de su sanidad, su gracia y su amor. Creo firmemente que Dios supo desde el principio de mi vida lo que Él intentaba hacer a través de mí. De muchas maneras reconozco que si no hubiera atravesado ciertas aflicciones, pruebas y fracasos, el mensaje que predico hoy no hubiera sido tan eficaz. Hay muchas cosas que no hubiera comprendido respecto al alcance de la gracia y la misericordia de Dios.

Reconozco que nada de lo que hice tratando de acercarme a Dios había resultado. El sentimiento de intimidad que siento hoy con Dios vino por su iniciativa.

Cuando oraba que hubiera alivio para el dolor que sentía en el corazón, reconozco que Él fue quien me permitió sentir tal dolor.

Cuando oraba pidiendo dirección, reconozco que Él puso en mi corazón ese sentido de necesitar dirección.

Cuando oraba en desesperación, reconozco que Él fue quien me condujo, paso a paso, al punto que me sentiría desesperado y clamaría a Él.

Al fin y al cabo Dios me acercó a Él a su manera soberana, en su tiempo y para sus propósitos en mi vida. Creo que Dios siempre es el que toma la iniciativa en nuestras vidas. Su anhelo por nosotros es mucho más fuerte que el nuestro por Él. Dios está siempre buscando la manera de abrirse paso hasta nosotros y decirnos cuánto nos ama y quiere tener una comunión estrecha con nosotros.

Nunca podría haber arreglado lo que Dios ha hecho en mi vida. Todo lo orquestó Él.

Una vez establecida, la intimidad con Dios crece. El derramamiento de su amor que sentí hace apenas pocos años, ha continuado creciendo y sigue, no a pesar de los conflictos, problemas, alegrías y tristezas de la vida, sino a partir de ellos. Mi deseo más grande hoy es llegar a tener una intimidad cada vez mayor con Dios. No hay nada en la vida que quiera más que eso. Para mí, esa es la posibilidad más emocionante de toda la vida. Dios es infinito y nosotros finitos: por consiguiente, la capacidad de Dios para la intimidad con nosotros jamás puede llegar a su fin. Siempre hay alguna manera en la cual podemos llegar a tener más intimidad con Él si estamos dispuestos a recibir su abrazo con el que se acerca a nosotros.

CÁPSULA DE VERDAD

Cuando se sienta agotado:

1. Colóquese en posición de descanso. Aléjese. Dése un receso lo suficiente largo como para que su cuerpo se recupere, su mente se aclare y su corazón sane.

2. Pídale al Señor que le muestre cómo confiar más en Él. Pídale que le revele maneras específicas en las cuales puede entregarle la autoridad y la responsabilidad de su vida. Pídale que le dé maneras específicas en las cuales pueda aligerar la carga de su horario y obligaciones.

3. Admita ante el Señor que usted es el responsable de sus tendencias al agotamiento. Pídale que le muestre qué hacer respecto al dolor interior y al equipaje emocional que tal vez le empujan a esforzarse incesantemente en busca de aprobación y perfección. Pídale al Señor que haga lo que sea necesario en su vida para que usted llegue al lugar y tiempo en donde Él pueda curarlo y llenar su vida con su aprobación, su amor y su presencia.

*M*i exceso de equipaje del agotamiento.

_____
_____
_____
_____
_____
_____
_____
_____

*C*ómo puedo aligerar esta carga

_____
_____
_____
_____
_____
_____
_____
_____

*D*ios es la fuente de mi fortaleza.

PERSEGUIDOS

¿Cómo puede uno mantener el equilibrio en medio de una situación ultrajante y dolorosa, una situación en la que sabe con certeza que Dios quiere que se quede y para la cual no parece haber solución?

Tal situación puede describir-se mejor como persecución, especialmente cuando recibe el maltrato debido a su testimonio para el Señor y su conducta se basa en las normas bíblicas.

Sabía que podía desquitarme directamente o podía orar. Decidí orar.◆

Persecución es exactamente la situación que enfrenté antes de ser llamado como el pastor principal de la Primera Iglesia Bautista de Atlanta.

Cuando llegué a Atlanta, descubrí que nadie en la iglesia fuera del comité ejecutivo sabía siquiera que yo venía. Me presentó a la iglesia un domingo por la mañana un hombre que sólo dijo: «Quiero presentarles a nuestro nuevo pastor asociado, Charles Stanley. Él va a predicarnos esta mañana». La brevedad de la presentación no me molestó en lo más mínimo. Simplemente me puse de pie y prediqué.

Durante el primer año y medio que estuve allí, aparte de los cultos del domingo por la mañana, vi al pastor principal sólo tres veces. El comité ejecutivo gobernaba la iglesia.

Llegó el día en que el pastor principal invitó a un hombre para que predicara en una campaña de una semana en la iglesia y, en resumidas cuentas, nada ocurrió. Ahora bien, ¡en una campaña bautista de seguro que alguien debe ser salvo! El domingo por la mañana el pastor principal predicó y ni así pasó alguien al frente. «Esto es un desastre», dijo. «¡No puedo aguantarlo!» Y lanzó el micrófono a la plataforma y salió. Ese fue el fin suyo en esa iglesia. Poco tiempo después, renunció.

Como pastor asociado tenía la responsabilidad principal de predicar los domingos por la noche. Cuando el pastor principal se fue, se me pidió que predicara también los domingos por la mañana. Comenzaron a cambiar las cosas. Más empezaron a asistir a los cultos. Personas eran salvadas. Una nueva atmósfera empezó a apoderarse de la iglesia.

El comité ejecutivo continuaba gobernando los asuntos de la iglesia. Un día, me reuní con ellos por asuntos de negocios y al considerar la decisión que teníamos por delante les dije:

—Tenemos que orar a Dios respecto a esto.

Los hombres de negocios se miraron unos a otros y luego me miraron a mí, y dijeron:

—Dejemos a Dios fuera de esto. Estos son negocios.

—No, no podemos hacerlo —les dije.

Eso, sin duda, fue la primera señal que vieron de que no iba a ser fácil controlarme.

El comité de púlpito lo integraban cuarenta personas y tenía un grupo medular que llamaban el comité ejecutivo constituido por los miembros más influyentes y pudientes de la iglesia. Aquellos siete decidieron que sencillamente no podía ni siquiera soportar la idea de que llegara a ser el pastor principal, de modo que empezaron su cabildeo ante los demás miembros del comité de púlpito para que me rechazaran como candidato para el puesto.

Después de alrededor de tres meses de cabildeo, finalmente caí en cuenta respecto a lo que estaba pasado. Sabía que podía desquitarme directamente o podía orar. Decidí orar.

Como ve, tenía la certeza en mi corazón de que iba a ser el pastor principal de la Primera Iglesia Bautista de Atlanta. Un viernes por la tarde, mientras estaba de campaña en West Palm Beach, estaba orando y el Señor me habló al corazón, diciendo: *Esto es lo que voy a hacer*. Diseñó sus planes para mí en Atlanta.

Una cosa es saber la voluntad de Dios. ¡Otra es, sin embargo, hacer la voluntad de Dios frente a personas que no quieren que usted la haga!

Solía irme al salón de oración de la iglesia, pensar respecto a la situación que enfrentaba y decir: «Dios mío, no hay modo». Y una vez tras otra Él volvía a hablarme: *Simplemente confía en mí. No mires a tu alrededor. Confía en mí. No prestes atención a lo que la gente dice. ¡Confía en mí!* Siempre le respondía: «Señor, confío en ti».

Cada domingo por la mañana me iba a mi sala de oración fuera de mi estudio y me postraba ante Dios diciéndole: «Quiero subir al púlpito lleno de tu Espíritu y tu poder». Y cada domingo Dios me dada el poder para hacer exactamente eso. Predicaba como si nada se hubiera dicho en mi contra en toda la semana. Sin embargo, rumores y falsas acusaciones volaban por todas partes.

Una cosa es saber la voluntad de Dios. ¡Otra es, sin embargo, hacer la voluntad de Dios frente a personas que no quieren que usted la haga!

Una de las principales acusaciones contra mí era que todo lo que predicaba era sobre la salvación, el Espíritu Santo y la Segunda Venida de Cristo. Eso no era todo lo que predicaba, pero eso era todo lo que ellos oían. La mayoría de mis opositores tenía serias dudas respecto a la autenticidad de la Biblia y su aplicación para nuestros días y tiempo.

Si uno quita la necesidad humana y la provisión de Dios para la salvación, la obra del Espíritu Santo, la esperanza de la Segunda Venida de Cristo y la validez de la Biblia como la Palabra autoritativa de Dios, ¿qué tiene por iglesia? No tiene en realidad una iglesia. Tiene un club social. Era eso lo que se desarrolló y ahí radicaba la cuestión. El asunto era nada más y nada menos que una batalla espiritual.

Al principio el cuerpo principal de la congregación no sabía nada acerca de las falsas acusaciones que se esparcían en mi contra. Ellos simplemente respondían a la Palabra de Dios.

Poco a poco, sin embargo, las palabras contrarias a mí empezaron a infiltrarse en la congregación. En cierta ocasión, recuerdo que un hombre se levantó para testificar: «He aprendido más de la Palabra de Dios en los últimos seis meses, que en toda mi vida». A la siguiente semana ni siquiera quería hablarme. Gente que me saludaba con efusión una semana, a la siguiente ni siquiera quería mirarme.

La meta del núcleo del comité de siete hombres era convencer como mínimo al veintiuno por ciento de los cuarenta miembros del comité de púlpito a votar en contra de que fuera el pastor principal. La mayoría simple regía. Nunca pude figurarme por qué esas personas no fueron en busca de otro pastor principal. En lugar de eso, se concentraron en difamarme, como si de alguna manera les estorbara para que llamaran a otro pastor. La realidad del asunto radicaba en que era el pastor interino y, técnicamente, todavía era el pastor asociado. Su único intento de buscar a alguna otra persona fue hablar con un hombre que era en extremo liberal y prometerle la luna si venía. Cuando los demás miembros del comité lo supieron, se dividieron.

Un día me invitaron a almorzar dos miembros del núcleo de siete del comité, con la intención de hacerme una oferta que incluía mi salida de vacaciones para no regresar. Les dije: «No vine a esta iglesia porque ustedes me llamaron. Vine porque Dios me llamó. Estaré más que feliz en irme cuando Dios me diga que me vaya».

Poco después de ese encuentro tres miembros del comité me invitaron a almorzar con la misma intención. Dos de los tres no se presentaron. El tercero, un hombre al que había llegado a apreciar enormemente, empezó a hablar con cautela respecto a una oferta en efectivo que el comité estaba dispuesto a darme, siempre y cuando abandonara la iglesia en silencio y con rapidez.

Le miré directamente a los ojos y le dije: «Si ustedes no me conocen mejor que eso después de estos dos años, en realidad no me conocen. No hay dinero que puedan amontonar sobre esta mesa que me haga desobedecer a Dios voluntariamente y a propósito. Vuelva con los que le enviaron y dígales: No hay trato". Cualquier trato que quieran hacer, tienen que hacerlo con Dios».

El conflicto duró diez meses. Durante ese tiempo llegué a sentirme como un extraño en mi iglesia. Virtualmente todos los miembros del personal se pusieron en mi contra. Los únicos aliados que sentía tener eran unas diez mujeres que se reunían con regularidad junto a mi esposa para orar por mí.

Mientras estaba en la Universidad Bryan predicando durante una semana, los diáconos decidieron por votación, y luego el comité de los cuarenta, de que no me llamaran a mí como pastor. El comité y los diáconos estaban bien preparados para dar una recomendación negativa a la congregación.

Mientras tanto, estaba en la Universidad Bryan intentando preparar el sermón para el domingo en la mañana. Sabía que iba a ser uno de los sermones más importantes de mi vida; iba a predicarlo el domingo por la mañana antes del miércoles en el cual la congregación votaría si debían llamarme a mí para ser su pastor principal.

No me venía ninguna idea para el sermón. Regresé a Atlanta sin ninguna idea. ¡Ni siquiera tenía un texto de las Escrituras sobre el cual predicar! El sábado por la noche me fui a la cama, sin tener aún ningún sermón, y oré: «Señor, no tengo nada que decir mañana por la mañana». El domingo por la mañana me desperté y seguía sin sermón. «Ahora, Dios mío», oré, «no he dicho ni una sola palabra respecto a este conflicto y no voy a empezar a hacerlo ahora».

Me fui a mi estudio en la iglesia y garrapateé un bosquejo por si acaso. Pero pensé: *No, he confiado en Dios para darme sermones todos estos años y no voy a empezar a confiar en mí mismo ahora.* Estrujé el bosquejo, lo tiré al cesto de basura y me dirigí al santuario. El culto empezó. El coro empezó a cantar. Y todavía no tenía un sermón. Mascullé en silencio: «Dios mío, esto es tuyo porque no tengo nada que decir».

Cuando el coro concluyó, me encaminé al púlpito y dejé que mi Biblia se abriera donde se abriera. Se abrió en Proverbios 3.5-5:

Fíate de Jehová de todo tu corazón,
Y no te apoyes en tu propia prudencia.
Reconócelo en todos tus caminos,
Y Él enderezará tus veredas.

Fue como si Dios me llamara aparte y me dijera: *Ahora, observa esto.* Durante cuarenta minutos sus palabras sobre la obediencia brotaron de mí como un torrente. No tenía nota, pero casi ni podía alcanzar a recobrar el aliento entre frase y frase. El flujo de la Palabra de Dios fue incontenible hasta que concluí aquel sermón. Hice la invitación para que pasaran al frente lo que quisieran ser salvos. Los miembros del coro empezaron a levantarse y salir por las puertas laterales. La gente en la congregación empezó a levantarse y dirigirse hacia la puerta de atrás. Un tercer grupo venía por el pasillo para ser salvados. La gente que salía de la iglesia y los que venían al frente se cruzaban en los pasillos.

¡Fue una total división de la casa!

El miércoles por la tarde, pocas horas antes del voto de la congregación, tres abogados vinieron a verme para decirme por qué no podía ser el pastor, cómo la iglesia jamás me aceptaría, cómo mi futuro ministerio concluiría si la iglesia votaba en mi contra y cómo jamás volvería a encontrar trabajo.

Les dije: «Me piden que tome una decisión con la cual tengo que vivir el resto de mi vida. Les devuelvo esa decisión a ustedes y a la congregación. Todos tendrán que tomar una decisión con la cual vivirán el resto de sus vidas. Yo estoy dispuesto a someterme a su decisión, porque sé que Dios me cuidará. Pero no puedo desobedecer a Dios e irme de aquí sino cuando Él me lo diga. Estoy dispuesto a vivir con mi decisión si ustedes están dispuestos a vivir con la que tomen. Si la congregación decide despedirme, está bien. Pero esa será decisión de ellos; no mía.

Llegó el miércoles por la noche. Annie y yo entramos en silencio y nos sentamos en la parte posterior de una de las alas del recinto. El moderador no sabía que estábamos allí.

Me sentí con la Biblia abierta en Isaías 54.17:

Ninguna arma forjada contra ti prosperará,
y condenarás toda lengua
que se levante contra ti en juicio.
Esta es la herencia de los siervos de Jehová,
y su salvación de mí vendrá, dijo Jehová.

Dije: «Señor, no hay nada que pueda hacer respecto a lo que ocurra esta noche. Todo está por completo en tus manos».

La reunión la dirigía el presidente de la junta de diáconos (que había votado para que yo renunciara). Como parte de sus comentarios de apertura dijo: «Votaremos en secreto, mediante papeletas». En ese instante un hombre se puso de pie hacia adelante del auditorio y dijo: «¡No señor, así no! Esta noche vamos a ver de qué lado está cada uno. Hago la moción de que votemos poniéndonos de pie en cada asunto». Su moción fue secundada y aprobada.

La reunión transcurrió durante tres horas. Cuando los miembros de la oposición se dieron cuenta de que las cosas no estaban saliendo como ellos querían, hicieron todo lo posible para concluir la reunión y posponer el voto sobre mi liderazgo. Lo sorprendente para mí fue que en todo ese tiempo ni una sola persona se puso de pie para dar una razón por la que no quería que fuera el pastor.

Finalmente la Sra. Sauls, una mujer muy estimada que fue enfermera por casi cincuenta años, se puso de pie y con su encantador acento sureño dijo: «Señor presidente, cuestión de orden». Cuando las dos mil personas que habían allí esa noche votaron, alrededor de los dos tercios se pusieron de pie en favor de que yo fuera el pastor, mientras que un tercio se puso de pie en contra. Fue una decisión clara.

Después del conteo de votos un hombre notó que yo estaba presente y me pidió que pasara a la plataforma. Actué como si el voto hubiera sido unánime a mi favor, y dije: «Aprecio su confianza. Les daré una respuesta en dos semanas».

Pasé esas dos semanas en oración para asegurarme de que la Palabra que el Señor me había dado en West Palm Beach era todavía para mí. Tenía plena confianza de que así era y acepté el llamado para ser el pastor principal.

Las personas que se opusieron a mí con tanto ahínco nunca regresaron a la iglesia. Trataron de reunirse en un edificio médico como a dos cuadras. Ah, venían a la Escuela Dominical, pero al terminar iban a su propio culto. También venían los miércoles por la tarde a comer en el comedor, pero después de la cena, rehusaban venir al culto de oración.

Eso sucedió durante tres meses. Entonces, un día de enero, el Señor puso en mi corazón el Salmo 64, especialmente el versículo 7:

Mas Dios los herirá con saeta;
De repente serán sus plagas.

Al siguiente miércoles por la noche, que era una sesión de negocios, le pedí a la iglesia que nos diera al director de la Escuela Dominical y a mí la suficiente autoridad para nombrar a todos los diáconos y a los oficiales de la iglesia. Un miembro de la oposición original se puso de pie y habló respecto a cómo lo estábamos expulsando de la iglesia y luego dijo:

—Si no tienen cuidado con lo que hacen, van a sufrir.

Dicho eso, me dio una bofetada. Una mujer se puso de pie y dijo:

—¿¡Cómo se atreve a golpear a mi pastor!?

Otro hombre, antes boxeador, subió corriendo a la plataforma y, a pesar de que tenía casi setenta años, levantó su bastón (que tenía un cabezal de bronce) y dijo:

—¡Usted no va a golpear a mi pastor!

Otro amigo también saltó a la plataforma y escoltó al hombre que me había golpeado, alejándolo de mí.

Yo no dije ni una sola palabra. Ni siquiera reaccioné. Sabía en mi corazón, sin embargo, de que Dios acababa de ejecutar el Salmo 64.7. Las acciones del hombre hicieron que todo el grupo de oposición se viera como uno que no podía controlarse.

Algunos de la congregación empezaron a llorar. Cuando se hizo la votación, mi petición para nombrar los diáconos y oficiales de la iglesia fue aprobada.

Al siguiente domingo, de camino a la iglesia, mi esposa Annie me dio esta porción bíblica: Dios le dijo a Moisés: «Los egipcios que hoy habéis visto, nunca más para siempre los veréis. Jehová peleará por vosotros, y vosotros estaréis tranquilos» (Éxodo 14.13-14).

Durante el culto de la mañana empezamos a cantar el primer himno y un hombre llegó corriendo a la plataforma, echó a un lado de un empellón al director musical y dijo: «Ustedes no han venido hoy a oír un sermón. Han venido a presenciar un funeral».

Hice señas a nuestros camarógrafos para que apagaran las cámaras. El hombre continuó hablando y, mientras lo hacía, tres personas se pusieron de pie y empezaron a cantar «Firmes y Adelante». El resto de la congregación se puso de pie también y se unieron en el himno. El hombre se retiró. La congregación permaneció sólida como una muralla.

Una mujer que había estaba viéndonos por televisión vio al hombre llegar corriendo al púlpito antes de que las cámaras de apagaran y llamó a la policía para decirles: «Hay un *hippie* barbudo que está tratando de apoderarse del culto en la iglesia bautista». Varios autos patrulleros llegaron a nuestras puertas. Fue todo un día.

A la siguiente noche treinta diáconos renunciaron. El martes por la mañana las líderes de la Unión Femenil Misionera renunciaron, al igual que más de la mitad de los maestros de Escuela Dominical. Cuando la oposición finalmente se retiró, el resto de la iglesia hizo una fiesta para celebrar la ocasión.

A raíz de su salida, la oposición juró a nuestra estación de televisión que en lo sucesivo interrumpirían cada culto

Fue como si se hubieran cortado todas las ramas viejas y la iglesia hubiera sido podada para que pudiera prorrumpir en crecimiento y bendición espiritual.

✳

a menos que la estación nos sacara del aire. La estación accedió y por un año (desde ese día) estuvimos fuera de la televisión. ¿Qué ocurrió en el año siguiente? La iglesia empezó a crecer rápidamente. Y cuando volvimos al aire, lo hicimos con programas en dos estaciones. (Todavía más, los programas eran en colores; nuestro programa anterior era en blanco y negro.)

Fue como si se hubieran cortado todas las ramas viejas y la iglesia hubiera sido podada para que pudiera prorrumpir en crecimiento y bendición espiritual.

Lo que más me dolió personalmente en toda esta experiencia fue el sentimiento de rechazo de algunas personas que consideré amigos y colegas.

El lunes después que acepté el voto de la congregación para ser su pastor realicé una reunión del personal y les dije: «Si lo desean, ustedes tienen el privilegio de renunciar». Todos renunciaron, excepto dos. El ministro de música, John Glover, quería irse, pero sintió que Dios le decía que se quedara. Ya John lleva conmigo más de veinte años. El otro miembro del personal que se quedó fue Mary Gellerstedt. Ella trabajó conmigo hasta que se jubiló.

¿CUÁLES SON LOS PRINCIPIOS DE DIOS PARA LIDIAR CON LA PERSECUCIÓN?

Un día, mientras oraba respecto a la persecución que estaba soportando, sentí que el Señor puso en mi corazón: *Toma esto como si viniera de mí.*

Esa palabra del Señor cambió mi perspectiva respecto a todo lo que oía y experimentaba. Cuando la gente decía cosas respecto a mí, inmediatamente le decía al Señor en mi espíritu: «¿Qué me tratas de decir, Señor? ¿Qué mensaje quieres que reciba? ¿Cómo me diriges a orar?» Veía a las personas como instrumentos en las manos de Dios. Las veía como sin ninguna autoridad. Estaba en contacto con el verdadero poder de la iglesia, Aquel que permitía que hicieran un poco de ruido, ¡pero que jamás renunciaría a su autoridad sobre su Iglesia!

Durante esos difíciles meses en la iglesia descubrí cuatro asuntos vitales para lidiar con la persecución.

Clave #1: Mantenga sus ojos en el Señor.

Cuando retiraba mis ojos del Señor y los ponía en los que me acosaban, me encontraba lleno de cólera, amargura y resentimiento contra ellos y contra la vida en general. Cuando veía a los que me maltrataban como parte de una lección mucho mayor que Dios me estaba enseñando, de una obra mucho más grande que Él estaba haciendo en mi vida y que lo que Dios estaba haciendo iba a resultar sólo en mi bien eterno, sentía paz. Sí, incluso sentía amor hacia los que me perseguían.

El Señor dijo: *Si ves lo que sucede como algo que yo permito para desarrollar en ti una persona mucho más fuerte, más victoriosa, no saldrás de esto amargado, ¡sino mejor!*

Algunas personas consideran que toda forma de persecución procede del diablo. En cierto sentido tienen razón. Dios nunca instiga, ni autoriza, ni promueve la persecución. Por otro lado, Dios permite que la persecución se cruce en nuestro camino. En la Biblia lo vemos claramente en la vida de Job. Dios no autorizó al diablo a que

Cuando una víctima permanece fiel al Señor y rehúsa pecar, Dios gana una victoria sobre el diablo.

✳

persiguiera a Job, pero sí le permitió que lo probara y pusiera en situaciones de la vida que bien pudieran describirse como maltrato.

¿Cuál era el propósito de Dios en la vida de Job? Uno de sus propósitos fue ganar una batalla contra el diablo. La fidelidad de Job y su negativa a pecar fueron victorias de Dios sobre el diablo. El Señor también usó la persecución del diablo para preparar a Job en revelaciones incluso más grandes de sí mismo.

En casi todo incidente de persecución que he presenciado he visto los propósitos de Dios obrando casi de la misma manera. Cuando una víctima permanece fiel al Señor y rehúsa pecar, Dios gana una victoria sobre el diablo. El poder del diablo es anulado; su influencia disminuye; emerge una mayor fortaleza, no sólo en la víctima justa sino en los que presencian las acciones de la misma.

Al mismo tiempo, cuando una víctima acude al Señor en busca de auxilio, sostén y sabiduría, el Señor tiene una oportunidad para revelarse a ella como nunca antes. Da una percepción más profunda de su naturaleza, de sus propósitos en esta tierra y de la relación que desea tener con esa persona. El Señor con frecuencia hace que la víctima tenga una más profunda percepción del valor personal ante Dios, y de la presencia y poder del Señor.

Clave #2: Pídale al Señor que le sostenga y le fortalezca

La Biblia tiene mucho que decir respecto a los que perseveran.

La corona de la victoria se concede a los que corren la carrera hasta el mismo final.

La recompensa de Dios se da a los que resisten en el día malo.

La bendición del Señor se concede a los que vencen y están firmes en su fe.

Si sufre persecución, pídale al Señor que le sostenga, que le ayude a no pecar, ni a descorazonarse ni atemorizarse, y que le muestre cómo debe responder de modo que Él reciba la gloria y el honor. Pídale al Señor que se le revele como su Vencedor, Salvador y Libertador.

Clave #3: Reconozca que está librando una batalla espiritual

Para resistir la persecución debe saber con certeza que la batalla es del Señor y que lo persiguen por la causa de Cristo y no sencillamente por un acto de necedad, error u obstinación de parte suya.

Pregúntese:

◆ «¿Me ha dirigido Dios realmente a tomar esta posición por la cual me persiguen?»

◆ «¿Me persiguen por causa de su nombre o por mi reputación?»

◆ «¿Qué está en juego aquí? ¿Es el Reino de Dios el que va a avanzar por medio de una victoria, o avanzará sólo mi carrera y mi reputación? ¿Va a sufrir verdaderamente el Reino de Dios un golpe, una pérdida, en caso de derrota?»

Tal vez la pregunta más eficaz que puede hacer es una muy severa: «¿Quién obtendrá la gloria en una victoria?»

Tal vez la pregunta más eficaz que puede hacer es una muy severa: «¿Quién obtendrá la gloria en una victoria?»

✳

Si al que aplauden por una victoria es cualquier otro que no sea el Señor Jesucristo, hay motivos mezclados que están en juego. ¡La gloria de la victoria sobre los perseguidores debe ser para Dios y para nadie más! Después de todo, es su gloria la que se está atacando.

La verdadera persecución siempre se relaciona a la causa y obra del Señor. Tiene una raíz espiritual. Como tal, debemos siempre lidiar con ella de una manera espiritual.

En la batalla espiritual haremos bien en recordarnos las palabras de Pablo a los Efesios:

Por lo demás, hermanos míos, fortaleceos en el Señor, y en el poder de su fuerza. Vestíos de toda la armadura de Dios, para que podáis estar firmes contra las asechanzas del diablo. Porque no tenemos lucha contra sangre y carne, sino contra principados, contra potestades, contra los gobernadores de las tinieblas de este siglo, contra huestes espirituales de maldad en las regiones celestes. Por tanto, tomad toda la armadura de Dios, para que podáis resistir en el día malo, y habiendo acabado todo, estar firmes. Estad, pues, firmes, ceñidos vuestros lomos con la verdad, y vestidos con la coraza de justicia, y calzados los pies con el apresto del evangelio de la paz. Sobre todo, tomad el escudo de la fe, con que podáis apagar todos los dardos de fuego del maligno. Y tomad el yelmo de la salvación, y la espada del Espíritu, que es la palabra de Dios; orando en todo tiempo con toda oración y súplica en el Espíritu, y velando en ello con toda perseverancia y súplica por todos los santos (Efesios 6.10-18).

Note en resumen lo que Pablo les ordena a los efesios:

1. Ármese con la verdad. Asegúrese de saber la verdad de la situación desde la perspectiva de Dios.
2. Ármese con la justicia. Asegúrese de estar en la posición correcta ante Dios y de llevar una vida sin mancha ante los perseguidores. Su acoso no le faculta a usted a pecar.
3. Ármese con la paz de Dios. Hacer la paz es su meta, una paz que significa una verdadera reconciliación de sus enemigos con Dios, no una simple tregua con usted. Siempre use el evangelio del Señor para darles una voz de aliento a los que le persiguen, no para inflamar ni incitar la ira de los que se le oponen o maltratan.
4. Ármese con la fe. Mantenga su enfoque en el Señor Jesús.
5. Ármese con la confianza de su salvación y liberación en las manos de Dios. ¡Espere la victoria que viene! Téngala por cierto.
6. Ármese con la Palabra de Dios. Sea pronto para hablar la Palabra de Dios en medio de su persecución. Deje que la Palabra de Dios hable por usted.
7. Después de hacer todo esto para armarse, soporte en oración. Ore por los que le persiguen. Ore que Dios mueva sus corazones y los salve. Ore por los demás creyentes, que Dios los fortalezca mientras permanecen a su lado en su tiempo de persecución.
8. Por último, estando completamente armado y en oración, persevere. No se dé por vencido. No se rinda. Es más, ¡no ceda ni una pulgada! Aférrese tozudamente al Señor.

En siglos pasados, cuando los grandes veleros surcaban los océanos del mundo y la predicción de las tormentas no se basaban en la fotografías de satélites y los sistemas de comunicación instantánea que tenemos ahora, las naves con frecuencia se veían en medio de feroces tormentas. Los marineros, e incluso los capitanes de los barcos, solían amarrarse a los mástiles para evitar que las gigantescas olas que amenazaban volcar el barco, los barriera por la borda. Así atravesaban la tormenta, confiando en que Dios calmaría los vientos y las olas.

Cuando las tormentas del maltrato rujan en contra nuestra y nos veamos navegando en aguas donde sabemos que el Señor nos ha guiado a surcar, debemos hacer lo mismo. Debemos atarnos al mástil de nuestro Señor Jesucristo y aferrarnos fuertemente, confiando en que Dios reprenderá la tormenta que ruge en contra nuestra y, al mismo tiempo, preservará nuestras vidas, nos fortalecerá en su bondad y nos mantendrá fuertes en nuestra fe.

Clave #4: Persista en esperar la victoria

Nunca pierda de vista la meta, esa es la razón por la cual soporta el dolor y el rechazo que quizás atraviesa. Hay mucho en juego.

Jesús enseñó:

Bienaventurados los que padecen persecución por causa de la justicia, porque de ellos es el reino de los cielos. Bienaventurados sois cuando por mi causa os vituperen y os persigan, y digan toda clase de mal contra vosotros, mintiendo. Gozaos y alegraos, porque vuestro galardón es grande en los cielos; porque así persiguieron a los profetas que fueron antes de vosotros (Mateo 5.10-12).

El reino de los cielos debe ganarse mediante su persecución. No sólo eso, ¡sino que dentro del reino de los cielos le pertenece una mayor recompensa!

Amigo mío, no hay comparación entre la cólera temporal, terrenal y transitoria de los que le persiguen y la gloria de la eternidad. La persecución es cosa de una época. Dolorosas como pueden ser las acusaciones del perseguidor, son sólo palabras que se evaporan con el viento, ¿Qué es la persecución de otros comparado con las recompensas eternas y la seguridad de que usted vivirá en el reino de los cielos para siempre?

En adición a las recompensas de la eternidad, el Señor tiene beneficios para nosotros aquí en esta tierra. Las persecuciones que experimentamos:

◆ nos fortalecen en nuestra fe.
◆ nos afirman en nuestra resolución de ganar almas.
◆ refinan nuestras almas.
◆ nos dan un motivo cada vez mayor para alabar su nombre.

Las cicatrices de los fieles se obtienen en la persecución.

Debemos siempre estar alertas en cuanto a lo que Dios hace en nuestras vidas, las lecciones que nos enseña, las experiencias que hace que tengamos para que podamos ser conformados cada vez más a la imagen de su Hijo, Cristo Jesús, y las victorias que nos permite tener para que podamos ser soldados incluso más fuertes en su ejército de fieles. Crecemos mediante la persecución.

Siendo ese el caso, si usted está experimentando persecución por causa del Señor, afiance sus talones, aférrese, aférrese a Jesús, y resista hasta que el Señor le dé la victoria.

Cuando las tormentas del maltrato rujan en contra nuestra y nos veamos navegando en aguas donde sabemos que el Señor nos ha guiado a surcar, debemos hacer lo mismo. Debemos atarnos al mástil de nuestro Señor Jesucristo y aferrarnos fuertemente.

✳

CÁPSULA DE VERDAD

Cuando se sienta perseguido:

1. Evalúe su posición. Asegúrese ante el Señor de que en realidad le persiguen por causa de Él y no por causa suya. Si verdaderamente enfrenta la persecución por causa del Señor, se aplica el siguiente punto.

2. Téngase por privilegiado. El Señor confía en usted para ganar una batalla espiritual.

3. Luche en el Señor contra sus perseguidores. Ármese para una batalla espiritual y empiece a interceder por el bien del pueblo de Dios.

4. Escoja, como acto voluntario, resistir hasta que el Señor le dé la victoria.

*M*i exceso de equipaje de persecución.

_____
_____
_____
_____
_____
_____
_____
_____

*C*ómo puedo aligerar esta carga.

_____
_____
_____
_____
_____
_____
_____
_____

*D*ios es la fuente de mi fortaleza.

El poder purificador del dolor

El dolor puede tener un poder purificador en nuestras vidas siempre y cuando nos acerque al Señor y a su poder sanador.

El dolor emocional es implacable.

Hostiga.

Carcome.

Amarga.

Permanece en nosotros hasta que lo encaramos.

Ah, podemos intentar negar nuestro dolor emocional, o sublimarlo. Todo lo que en realidad lograremos hacer, no obstante, es clavarlo más profundamente en nuestros espíritus. Para ser sanados de verdad de nuestro dolor debemos encararlo, llevarlo al Señor, dejarle que Él empiece su obra sanadora en nosotros y luego decidir vivir de acuerdo con lo que Él nos dice que hagamos.

Las buenas nuevas es que cuando el Señor empieza a hacer en nosotros su obra sanadora, esa obra nos purifica. Limpia el fastidio de nuestro doloroso pasado, la basura emocional que se ha estado fermentando en nosotros. Limpia nuestras mentes y corazones. Somos entonces capaces de recuperar nuestro equilibrio. Se nos renueva la fuerza. Y podemos avanzar por la vida con nuevo vigor.

Es de vital importancia que reconozcamos que un dolor emocional continuado o persistente es una señal de parte del Señor. Es un mensaje de que Él quiere que hagamos algo en nuestras vidas, que no está contento con que sigamos llevando en nuestro corazón todo ese peso o equipaje emocional. El dolor emocional puede y debe ser visto como una iniciativa de parte de Dios que nos acercará a Él para sanarnos.

Nuestros fracasos y aflicciones pueden ser una clave para descubrir lo que Dios quiere que seamos. El trauma, la aflicción y las crisis pueden ser la plataforma de lanzamiento que nos eleva de un nivel de crecimiento espiritual al siguiente. Eso no significa que debamos buscar el trauma, la aflicción y la crisis. La Biblia nos dice que en esta vida tendremos aflicciones. El desafío que enfrentamos es cómo responderemos en esas ocasiones. ¿Acudiremos a Dios? ¿Le permitiremos a Él que nos ministre en nuestra necesidad? ¿Confiaremos en que Él usará esas circunstancias difíciles para hacernos crecer? ¿Seremos receptivos a los cambios que Él quiere hacer en nuestras vidas?

La parte de Dios es iniciar una relación más estrecha con nosotros. La nuestra es decidir responder correctamente a la iniciativa de Dios.

✳

La parte de Dios es iniciar una relación más estrecha con nosotros. La nuestra es decidir responder correctamente a la iniciativa de Dios. Si decidimos no responder a Dios y si preferimos en lugar de eso acudir a las drogas, al crimen, a algún otro medio de reacción, Dios no hará nada para anular la respuesta negativa voluntaria.

Cuando miro en retrospectiva mi vida, agradezco las ocasiones cuando decidí responder a la iniciativa de Dios de la mejor manera que era capaz de responder. Es cuando voluntariamente nos alejamos de Dios y buscamos soluciones en otros lugares, que Él no puede llegar a nosotros. ¡Qué ironía es que muchas personas que no responden a Dios le echan la culpa por no responderles o inclusive tratan de culparlo por las cosas malas que ocurren en su vidas! Nuestra respuesta debe ser siempre hacia Dios, no alejándonos de Él.

DECIDA HOY ACUDIR A DIOS

Acuda a su Palabra. Sin importar cómo me sienta, bien o mal, animado o desanimado, acudo a la Palabra de Dios en busca de consejo respecto a por qué me siento de esa manera. Mientras más miserable me siento, más acudo a la Palabra de Dios. Tengo que confiar en que Dios me revelará sus respuestas a través de su Palabra. Siempre estoy aprendiendo algo nuevo. Siempre tengo percepciones frescas para meditar y digerir. Tengo un fuerte sentido de que Dios está continuamente obrando y transformando más y más mi vida a imagen de su Hijo, Jesucristo.

Al acudir a la Palabra de Dios es importante que lo hagamos a toda ella. Muchas veces las personas quieren algo con tanta desesperación que acuden a la Biblia y buscan uno o dos versículos que se convencen de que la voluntad de Dios para ellos es obtener lo que desean y entonces con sus propias palabras se apoyan en esos versículos. Para mí eso no es ejercer de forma adecuada la fe.

Lo mejor del Señor para usted será superior a lo que ningún otro pueda seleccionar.

Creo que una mejor manera es decir: «Padre, me entrego a ti. Sabes quien soy y lo que es mejor para mí. Confío en que me darás lo que necesito y lo que verdaderamente va a beneficiarme».

Lo mejor del Señor para usted será superior a lo que ningún otro pueda seleccionar. El Señor le va a dar sólo lo mejor.

Si usted lo enfoca de esta manera, confiando en que Dios proveerá lo mejor de todo lo que Él sabe que necesita, será libre de cuatro maneras:

1. Sabrá que cualquier cosa que venga procede verdaderamente del Señor. Nunca tendrá motivo para confundir lo que logra por su propia cosecha y lo que es un don de la gracia de Dios.
2. Tendrá libertad para esforzarse por lograr cosas, desde planear hasta batallar día tras día para conseguir lo que necesita o quiere. Será libre de toda necesidad de manipular sus circunstancias.
3. Será libre de toda preocupación de si ha tomado las decisiones correctas o se ha conformado con algo menos que lo mejor de Dios.
4. Será libre en su capacidad de alabar a Dios, porque verá sus provisiones y su providencia mucho más claro. Sabrá que Él, y solo Él, es la Fuente de toda su provisión.

UNA CAMINATA DIARIA DE FE

La vida cristiana debe vivirse de día en día. Si usted tiene su mente continuamente dedicada a pensar en sus metas de largo alcance, o en las maneras en que puede alcanzar, ganar o tener algo que está lejano, se perderá muchas de las bendiciones de hoy. Será menos capaz de disfrutar de las relaciones y las buenas cosas que Dios le ha dado para que las disfrute hoy mismo. ¡Quizás se pierda precisamente aquello que le dará mayor satisfacción!

Lo mismo es cierto en cuanto a sus emociones. Si vive continuamente en sus viejas emociones, sentimientos y reacciones que ha tenido por muchos años, antiguas heridas o llagas supurantes, se perderá las alegrías de responder hoy.

Cuando la Biblia dice: «El justo por su fe vivirá» (Habacuc 2.4; Romanos 1.17; Hebreos 10.38), significa precisamente lo que estamos hablando, que quienes en realidad están en posición correcta con Dios, viven a plenitud su fe activada en un Dios viviente, el cual les va a guiar en las sendas correctas, va a darles las mejores bendiciones, proveerles todo lo que necesitan y revelarles las percepciones más profundas y significativas de su Palabra y sus caminos.

Para vivir por fe diariamente necesita enfrentar las heridas emocionales conforme surgen en su camino. Debe tomar cautivo cada pensamiento. Debe sentir cada sentimiento. Debe arrepentirse de cada pecado. No atiborre lo más recóndito de su espíritu de emociones, pensamientos ni pecados a fin de encararlos más tarde. Hágales frente ahora mismo.

Mi conciencia es como una navaja. No puedo irme a la cama por la noche si hay algo entre Dios y yo. Incluso si estoy en una batalla en la cual no sé lo que está ocurriendo, cada día tengo que lidiar con ese conflicto de la mejor manera posible. Tengo que llegar a conclusiones y tomar decisiones respecto al conflicto antes que el día finalice.

Si está atravesando un ataque de soledad, acuda a Dios inmediatamente respecto a esa emoción.

Si se siente rechazado o lastimado, acuda presuroso al trono de Dios y pídale que le ayude.

No atiborre lo más recóndito de su espíritu de emociones, pensamientos ni pecados a fin de encararlos más tarde. Hágales frente ahora mismo.

✳

Si se siente frustrado, iracundo, amargado o lleno de resentimiento, pídale a Dios ayuda tan pronto como sienta esa emoción.

Al entregarle a Dios nuestras emociones momento tras momento, día tras días, nos colocamos en posición de que Él se nos revele y nos dé su poder y presencia de forma continua. En verdad nos colocamos en una posición de confiar en que Él nos ayudará, guiará y sanará continuamente.

Nuestra intimidad crece con el Señor como resultado de esa clase de andar por fe. Mientras más íntima sea nuestra relación con Dios, más podemos confiar en Él. Eso es cierto respecto a cualquier relación, ¿verdad? Mientras más se acerca a una persona, mientras más descansa en ella y mientras más experimenta su confiabilidad, más y más confía en ella. Mientras más confía en una persona y le hace partícipe de su fe, mayor es la intimidad con ella. La confianza y la intimidad se relacionan estrechamente.

Mientras más íntima es nuestra relación con Dios, mejor le entendemos, más claramente vemos la relación que Él desea tener con nosotros, discernimos con mayor precisión lo que le interesa y lo que Él desea que hagamos, y confiamos más en sus motivos y capacidad para lograr sus propósitos en nuestras vidas.

LA SANIDAD EMOCIONAL LLEVA TIEMPO

La sanidad del dolor emocional lleva tiempo. Dios puede realizar su obra de sanidad en un instante. Pero casi siempre necesitamos tiempo para absorberla, comprenderla y

cambiar nuestros patrones de pensamiento. Podemos saber con certeza que:

◆ Dios empieza su obra sanadora instantáneamente,
en el momento que le invocamos y le pedimos que haga
su obra en nosotros.

◆ Dios será fiel para continuar el proceso de sanidad
en nosotros siempre y cuando nosotros deseemos que Él
lo haga. Filipenses 1.6 declara: «El que comenzó en
vosotros la buena obra, la perfeccionará hasta el día de
Jesucristo». Dios no se da por vencido respecto a usted.
Él obrará para sanarle completamente. Estará a su lado y
será fiel en su relación con usted hasta que quede curado
por completo del dolor emocional que siente.

Mientras más sanidad tengan nuestras emociones, más
blandos nos tornamos emocionalmente. Llegamos a ser
más tolerantes y más sensibles. Cuando eso ocurre, estamos en posición de llegar a ser agentes de sanidad para
otros.

Estará a su lado y será fiel en su relación con usted hasta que quede curado por completo del dolor emocional que siente.

ACUDA AL SEÑOR HOY

Deje que su dolor le acerque al Señor hoy.

Al acudir a Dios y al descansar en Él, descubrirá aún
más quién es Él. Descubrirá más a su Creador, cómo desea
que usted se relacione con otros y qué es verdaderamente
valioso e importante en la vida. Si deja que su dolor le
acerque a Dios, descubrirá lo que es importante para Él.

Y, finalmente, será sanado de su dolor. El Señor desea
sanar a los quebrantados de corazón. Invítele a que haga
su obra en usted hoy.

Otros libros de Charles Stanley

Cómo escuchar la voz de Dios
Tentado no cedas
La paz del perdón
Seguridad eterna
La maravillosa vida llena del Espíritu

Estos libros están disponibles en su librería local.